Was die Kirche krank macht

Alfred Schilling

Was die Kirche krank macht

Diagnose und Hoffnung
aus dem Neuen Testament

Verlag Friedrich Pustet Regensburg

Die Deutsche Bibliothek – CIP-Einheitsaufnahme

Schilling, Alfred:
Was die Kirche krank macht : Diagnose und Hoffnung
aus dem Neuen Testament / Alfred Schilling. –
Regensburg : Pustet, 1992
ISBN 3-7917-1343-4

ISBN 3-7917-1343-4

Gesamtherstellung: Friedrich Pustet, Regensburg
Printed in Germany 1992

Dem Gedenken an meinen verehrten Bundesbruder
in der V. k. Th. Rhenofrankonia zu Bonn,

DR. PHIL. ALOYS MÜLLER,

Ordentlicher Professor der Philosophie
an der Rheinischen Friedrich-Wilhelms-Universität,
Priester der Erzdiözese Köln,
geboren am 11. Juli 1879,
zum Priester geweiht am 19. Dezember 1903,
gestorben am 4. September 1952.

Ich bin gefragt worden, warum ich alle diese unruhig machenden, stoßenden und treibenden Gedanken in einer Zeit ausspräche, die für das Christentum so gefährlich sei. Ich habe geantwortet, derselbe Fragesteller würde in ruhigen Zeiten sagen, warum man denn dadurch den schönen Frieden störe. Kein echtes Christentum kennt die Ruhe. Das Christlichsein liegt vor uns, nicht hinter uns; und was die Zeiten angeht, so denke ich an ein Wort Lacordaires: »Die Menschen eines schwachen Glaubens warten auf den Frieden, um zu handeln, wie sie sagen. Die Apostel eines starken Glaubens aber säen in die Stürme hinein, um in guten Zeiten ernten zu können.«

Aloys Müller, *Falsche Lebensformen im Christentum* – Vortrag vor Theologiestudenten im Collegium Leoninum zu Bonn am 26. November 1947.

Was ist nur mit der Kirche los? Nicht wenige in ihr machen ein trauriges Gesicht, können sich kaum noch darüber freuen, daß sie katholisch sind. Das sah vor Jahren anders aus. Mancher denkt an den Aufbruch des Konzils zurück. Fenster wurden aufgestoßen, frischer Wind kam herein: eine offene Kirche, den Menschen in ihrer Freude und Hoffnung, in ihrer Trauer und Angst zugewandt, nicht abgehoben, sondern ebenerdig ... Nicht wenige sehen sich heute in ihren Hoffnungen enttäuscht. Jugendliche fragen sich: Habe ich in der Kirche überhaupt Platz, will man mich da wirklich? Eltern sagen: Wir selber halten schon noch durch, aber unsere Kinder? – Dabei ist der Hunger nach Gott durchaus zu spüren. Viele suchen geistliche Nahrung. Finden sie bei uns mehr als Konserven – gar noch mit überschrittenem Verfallsdatum?

Beginn des Hirtenwortes des Bischofs von Limburg, Dr. Franz Kamphaus, zur Österlichen Bußzeit 1991.

INHALT

DIAGNOSE UND HOFFNUNG

Himmelfahrt Jesu – Anfang oder Ende?

Diagnose nach Lukas, nicht à la Deschner

Apostelgeschichte 1,4–11

Beim gemeinsamen Mahl gebot Jesus: Geht nicht weg von Jerusalem, sondern wartet auf die Verheißung des Vaters, die ihr von mir vernommen habt. Johannes hat mit Wasser getauft, ihr aber werdet schon in wenigen Tagen mit dem Heiligen Geist getauft. Als sie nun beisammen waren, fragten sie ihn: Herr, stellst du in dieser Zeit das Reich für Israel wieder her? Er sagte zu ihnen: Euch steht es nicht zu, Zeiten und Fristen zu erfahren, die der Vater in seiner Macht festgesetzt hat. Aber ihr werdet die Kraft des Heiligen Geistes empfangen, der auf euch herabkommen wird; und ihr werdet meine Zeugen sein in Jerusalem und in ganz Judäa und Samarien und bis an die Grenzen der Erde.
Als er das gesagt hatte, wurde er vor ihren Augen emporgehoben, und eine Wolke nahm ihn auf und entzog ihn ihren Blicken. Während sie unverwandt ihm nach zum Himmel emporschauten, standen plötzlich zwei Männer in weißen Gewändern bei ihnen und sagten: Ihr Männer von Galiläa, was steht ihr da und schaut zum Himmel empor? Dieser Jesus, der von euch ging und in den Himmel aufgenommen wurde, wird ebenso wiederkommen, wie ihr ihn habt zum Himmel hingehen sehen.

Es wird nicht jedem von uns bewußt sein, daß der Evangelist Lukas die von den Lesern seiner Bücher dann später so genannte »Himmelfahrt« Jesu zweimal geschildert hat: einmal in seinem Evangelium am Ende und das andere Mal in seinem zweiten Buch, der Apostelgeschichte, am Anfang. Das Evangelium vom Leben und Wirken Jesu *endet* also mit seiner Himmelfahrt; die Apostelgeschichte, und damit die Geschichte der Anfänge von Jesu Kirche, *beginnt* mit ihr. So stellt sich Jesu Himmelfahrt, das Ende seines Erdenlebens, zugleich als Ende wie als Anfang dar. Und für Lukas, der knapp zwei Menschenalter nach dem von ihm Erzählten gelebt und das Evangelium Jesu gepredigt hat, gab es nicht den geringsten Zweifel: Das Ende war kein Ende gewesen; die »Apostel« – die *Boten* – hatten die Botschaft Jesu weiterverbreitet, und sein Wort war auch schon dabei, *bis an die Enden der Erde* (Röm 10,18), das heißt bis an die Grenzen der damals bekannten Welt, zu dringen. Die Frage nach Ende oder Anfang mag sich einem heutigen Christen erneut stellen, wenn auch aus einer veränderten Situation heraus: Steht die Kirche Jesu heute, nach fast 2000 Jahren Evangelium, am Ende? Oder schreitet sie auch heute noch, jung und voll Hoffnung wie an ihrem allerersten Anfang, neuen, weitgesteckten Zielen entgegen? Es gibt heute Leute, die das Ende der Kirche nicht nur für die nahe Zukunft vorhersagen wollen, die es vielmehr als bereits eingetreten diagnostizieren. Einer von ihnen, der uns in Talk-Shows und Fernsehdiskussionen immer wieder – und mittlerweile schon ein bißchen viel – mit solchen »Diagnosen« ins Wohnzimmer kommt, ist Karlheinz Deschner. Er haßt alles, was mit Kirche und Christentum zusammenhängt, so sehr, daß ich mir das eigentlich nur bei jemand erklären kann, der in einer kirchlichen Institution erzogen worden ist. Und in der Tat wird in einem seiner älteren Titel vermeldet: *Er wuchs in Internaten von Franziskanern, Karmelitern und Englischen Fräulein auf* (1972). Mit einer für ihn typischen Formulierung beginnt Deschner das Vorwort zur »12., erweiterten und aktualisierten Neuausgabe« seines Buches *Das Kreuz mit der Kirche*:

Obwohl das Christentum heute geistig beinah bankrott ist, prägt es noch immer entscheidend unsere Sexualmoral. (A.a.O. 17)

Und Deschner schließt seine »aktualisierte Neuausgabe« mit einer fast pathologisch wirkenden Attacke gegen den augenblicklichen Papst, indem er ihn als »hohen Seelenfänger« bezeichnet und mit einer Äußerung aus dem Jahr 1984 zitiert. Und so liest sich das Zitat bei Deschner:

In der heutigen Zeit ist das Leben der Völker ... von Ereignissen geprägt, die Widerstand gegen GOTT bezeugen, gegen seine Pläne, zu lieben und zu heiligen, gegen seine Gebote im Bereich von Familie und Ehe ... So kann man also sagen, daß die heutige Gesellschaft eine breite Welle der Entzweiung mit dem Schöpfer und dem Erlöser J. CHRISTUS durchzieht. (A.a.O. 460)

Nun kann man zweifellos auch aus diesen Worten das mittlerweile bei *diesem* Papst schon fast peinlich gewordene und wie ein privates Hobby wirkende Thema von der Geburtenregelung und deren alleinseligmachenden Methoden heraushören. Es klingt in meinen Ohren aber um vieles krankhafter, wenn Deschner auf die vom Papst behauptete »Welle der Entzweiung« unserer Gesellschaft »mit dem Schöpfer und dem Erlöser« mit dem Ausbruch repliziert:

Gott sei Dank! möchte man fast rufen. Und kann nur hoffen, diese Welle möge immer breiter werden, größer, möge eines Tages diese ganze Erlösung verschlingen, an der nichts sicher ist als der Erlös daraus. (Ebd.)

Deschner ist gewiß nicht der erste, der dem Christentum den kurz bevorstehenden Kollaps vorhergesagt oder der Institution Kirche die Pest an den Hals gewünscht hat. Bekannter als Deschner und auch als Denker einige Schuhnummern größer ist der mit dem Preußenkönig Friedrich dem Großen eng befreundete französische Philosoph Voltaire. Er pflegte eine Zeitlang sogar seine Briefe zu unterschreiben mit: *Écrasez l'infame – rottet das Verabscheuungswürdige aus!* Dieses Wort, das sich auch in Briefen des glorreichen Preußenherrschers findet, zielte dabei der Form nach ganz allgemein auf den Aberglauben; gemeint war jedoch konkret die christliche Kirche jedweder Couleur und jedweder Konfession. Sie galt und gilt in den Augen ihrer sich besonders aufgeklärt wähnenden Gegner ja noch stets als Hort und Bastion jeglichen Aberglaubens. Als Christen müssen wir so etwas durchaus zur Kenntnis nehmen, und auch heute nützt es wenig, bloß mit Entrüstung und Empörung auf Deschners Ansichten oder Voltaires Verwünschungen zu reagieren oder gar rührselige Schauergeschichten vom schrecklichen Tod solcher Christentumsgegner zu verbreiten. So wissen ja immer noch manche Prediger, daß Voltaire im Angesicht des Todes nach einem Priester verlangt habe, seine Freunde aber im Glauben, er sei nicht mehr bei Sinnen, ihm die Erfüllung dieses letzten Wunsches brutal versagt hätten. Wer sich als Christ von heute trotz leerer und leerer werdender Kirchen, um nur ein einziges Alarmzeichen zu nennen, an solchen Schauergeschichten noch ergötzen und sich mit ihnen und sich zufrieden zur Ruhe legen kann, für den wird es ein böses Erwachen geben. Der sollte sich aber auch fragen, ob er selbst je begriffen hat, was Christsein bedeutet, und ob er selbst nicht die größte Chance hat, bei nächster Gelegenheit durch die gleichen Maschen zu fallen wie Zigtausende jetzt Jahr für Jahr in unserem angeblich doch noch christlichen Land. Ja, Zigtausende treten Jahr für Jahr aus ihrer christlichen Kirche aus.

Der große Theologe Karl Rahner hat es während seiner letzten Lebensjahre mehrmals ausgesprochen, daß es durchaus denkbar und keineswegs unmöglich sei, daß das Christentum im nachchristlichen Europa einer ähnlichen Verwüstung entgegengehe wie das doch auch einmal blühende Christentum der Spätantike etwa in Kleinasien oder Nordafrika, das vom Islam einfach überrollt wurde und außer seinem Schrifttum und den Ruinen seiner Baudenkmäler keinerlei Spuren mehr hinterlassen hat. Daß der Herr seiner Kirche doch verheißen habe, daß sie niemals untergehe, ist ein fürwahr schwacher Trost. Denn wo immer man eine solche Verheißung in der Bibel auch finden will, von der Kirche in Europa ist dabei gewiß keine Rede. Es wäre auch nur vermessen, wollte dazu jemand sagen: Na gut, wenn die Kirche in Europa untergeht, dann wird sie dafür um so stärker in der Dritten Welt emporblühen. Wer die Dritte Welt nicht nur aus frommen Missionspredigten kennt, deren erster – und durchaus legitimer – Zweck es noch immer ist, genügend Geld für die Missionare draußen zu sammeln, der wird mehr als verwundert sein ob solcher Träumereien in den Wolken des Himmels. Mit Wunschdenken und allein zum Himmel gerichteten Augen sind wohl auch in des Lukas Zeiten die Missionare nicht ins heidnische römische Weltreich hinausgegangen. Nicht ohne Absicht erzählt Lukas zwar in seiner Himmelfahrtsgeschichte, daß *sie unverwandt ihm nach zum Himmel emporschauten*, aber auch, daß die himmlische Reaktion überaus nüchtern, fast brutal ausgefallen sei: *Ihr Männer von Galiläa, was steht ihr da und schaut zum Himmel empor?* Was starrt ihr nach

oben? Das ist Tadel und Weisung zugleich. Denn nicht im Himmel und nicht in den Wolken liegt unser menschliches und christliches Arbeitsfeld, sondern auf dieser unserer harten Erde.
Wie hart der Boden für die christliche Mission gerade auch in den Ländern der Dritten Welt inzwischen geworden ist, ging aus einem Kommentar der *Herder-Korrespondenz* hervor. Es hieß dort:

Bei aller Bedeutung und allem Respekt, den die christlichen Kirchen im nachkolonialen gesellschaftlichen Umbruch der Entwicklungsländer über das Bildungswesen, als Entwicklungshelfer, als Anwälte im Kampf um sozialen Ausgleich und um die Menschenrechte gegen politische Willkürherrschaft gewonnen haben: In den asiatischen, von den dortigen Hochreligionen geprägten Kulturen *bleiben ... die christlichen Gemeinschaften verschwindende Minderheiten. In* Schwarzafrika *ist noch lange nicht entschieden, wer den Kontinent mit seinen weitgehend gestörten oder in blutiger Auflösung begriffenen Stammeskulturen und der noch stark nachwirkenden, aber nicht mehr zukunftsmächtigen Naturreligiosität für sich gewinnt: das Christentum oder der Islam. Und der* lateinamerikanische Katholizismus *ist angesichts seines notorischen Nachwuchsmangels an geistlichen Berufen und der bitteren Wirkungen einer ebenso gewaltsamen wie nur halben Missionierung von solcher Strukturschwäche, daß er mehr und mehr das Opfer spiritistisch-christlicher Mischkulte und militanter, von Nordamerika einwirkender Sekten wird.* (David Seeber, *Hat das Christentum Zukunft?*, in: HK 45 [5/1991] 198)

Abgesehen davon, daß es für einen Schiffbrüchigen ein schlechter Trost wäre, sich vor Augen zu halten, daß er selbst, nach dem Untergang seines Schiffes, zwar keine Aussicht auf Rettung habe und also ertrinken müsse, daß man aber in anderen Ländern um vieles bessere Schiffe baue, die gar nicht erst in Seenot geraten könnten – abgesehen davon ist einem Christen in der gegenwärtigen Not seiner Kirche eine solche Gedankenakrobatik auch kaum zuzumuten. Wenn jemand von einer Krankheit befallen wird – und die ist bekanntlich um so gefährlicher, je schleichender sie verläuft –, dann bedarf es zuerst einer klaren und ehrlichen Diagnose. Alle Gesundbeterei ist verlogen und macht das Übel nur noch schlimmer. Nach der Diagnose bedarf es freilich auch der Mitwirkung des Patienten. Er muß sich mitverantwortlich fühlen für seine Genesung. Aller Leichtsinn, der die Symptome nicht ernst nimmt und darum so weitermacht und weiterlebt wie bisher, aber auch alle Apathie, die jeden Lebens- und Überlebensmut verloren hat – beide arbeiten sie der Krankheit in die Hände; beide beschleunigen sie den Ruin und den Untergang.

Ich lasse Sie als Leser mit diesen, wie ich zugebe, ziemlich trüben Gedanken allein. Ich zeige Ihnen auch keinen Weg zur Genesung von Christentum und christlicher Kirche auf – einmal, weil ich kein geistlicher Tabletten- und Pillenverkäufer sein will; aber auch, weil ich selbst über kein anderes Rezept verfüge als wir alle. Das Christentum kann nur gesunden, wenn wieder mehr Getaufte sich auf ihr Christsein besinnen; wenn wieder mehr Kirchenmitglieder über ihr Christsein nachdenken; wenn wieder mehr durch und durch als Christen leben.

Am Anfang stand eine der beiden Himmelfahrtsgeschichten des Lukas. Die gesamte Christenheit liest sie jedes Jahr neu, wenn sie mit einem eigenen Fest der Aufnahme Jesu *in den Himmel* – zu Gott – gedenkt. Gerade dieses Fest zeigt aber das Bedrohliche unserer kirchlichen Situation. Niemandem sollte die Freude an einem »Himmelfahrtsausflug« verdorben werden, läßt sich doch sogar mit ihm noch eine Brücke zu uralten christlichen Traditionen – etwa in Jerusalem – schlagen. Nur, Himmelfahrt feiern in einer Christengemeinde – mitten in einem um uns her zerbröckelnden, zerfallenden, sterbenden Christentum –, Himmelfahrt feiern müßte insgesamt doch wohl etwas mehr sein als eine Herrenpartie ins Grüne, mehr auch als nur »ein Prosit der Gemütlichkeit«. Nicht die Kirchenfeinde zerstören die Kirche Jesu. Ein Voltaire hat es nicht geschafft, und ein Deschner wird es auch heute nicht schaffen. Nur Christen können dem Christentum gefährlich werden. Himmelfahrt – Anfang oder Ende? Es liegt an uns, wie es damals an den Christen gelegen hat.

Wenn in der Kirche die Blätter fallen

Unser Trost und unsere Hoffnung – Jesus von Nazaret

Markus 4,30–32

Jesus sagte: Womit sollen wir das Reich Gottes vergleichen, mit welchem Gleichnis sollen wir es beschreiben? Es gleicht einem Senfkorn. Dieses ist das kleinste von allen Samenkörnern, die man in die Erde sät. Ist es aber gesät, dann geht es auf und wird größer als alle anderen Gewächse und treibt große Zweige, so daß in seinem Schatten die Vögel des Himmels nisten können.

Die Geschichte vom Senfkorn hat selbst ihre Geschichte gehabt. Mit großer Sicherheit können wir sagen, daß der Vergleich vom kleinen Senfkorn mit der wachsenden Herrschaft Gottes von Jesus selbst gezogen worden ist. Dafür bürgt die frühchristliche Tradition, die uns die Geschichte gleich vierfach überliefert hat, einmal in einer äußerst knappen Form bei Markus, wie wir sie hier im Text vor uns haben; dann in ähnlich knapper Form im koptischen Tomasevangelium und schließlich in wortreicheren Fassungen bei Mattäus und Lukas. Daß Senf in unseren Gärten wächst, ist gar nicht so selbstverständlich wie im alten Palästina. Daher rührt bei uns dann oft eine gewisse Unsicherheit im Umgang mit dieser Jesusgeschichte. Ein kleines, gut ein Millimeter dickes Körnchen wird, wenn man die Pflanze wachsen läßt und sie nicht vorher zur Gründüngung verwendet, zu einem relativ großen Gartengewächs. Im feuchtwarmen Klima am See Gennesaret, so habe ich gelesen, kann sie gar eine Höhe von zwei bis drei Metern erreichen. Insofern ist klar, was Jesus sagen will: Da ist etwas, das am Anfang ganz unscheinbar aussieht und das doch den Keim zu sehr viel Größerem in sich trägt. Und Jesus meint das Reich Gottes, die Herrschaft Gottes oder wie immer sonst man die Tatsache ausdrücken will, daß Gott über einzelne Menschen und in bestimmten Menschen Macht gewinnt. Reich Gottes, Herrschaft Gottes meint so eigentlich eine Art *Machtergreifung* Gottes.

Unser deutsches Wort *Macht* ist dabei mehr als problematisch und

mißverständlich. Wenn Gott in einem Menschen die Macht gewinnt, wenn er von diesem Menschen gleichsam Besitz ergreift, dann geht das alles ganz ohne Macht und ohne alle Gewalt ab. Dann ist das wie ein stilles, langsames, aber kontinuierliches Wachsen. Am Ende sieht man sehr wohl, daß etwas geschehen ist: Aus kleinen, fast unscheinbaren Anfängen ist etwas Großes geworden. Ein Mensch, in dem Gottes *Herrschaft* – wieder eines unserer mißverständlichen Worte, aber wir haben oft keine besseren –, ein Mensch also, in dem Gottes Herrschaft zu keimen begonnen hat, in dem wächst sie weiter, in dem wird sie schließlich für alle sichtbar. Aus kleinen Anfängen wird etwas Großes und in dieser Welt – so, wie sie nun einmal ist – auch etwas Ungeheures. Jesus hat mit all seinen Geschichten, Gleichnissen und Predigten dem Reiche Gottes, der Herrschaft Gottes den Weg bereiten wollen. Seine Sicht in einer gewiß auch damals nur oberflächlich religiösen und darum Gott weitgehend entfremdeten, gottfernen, wenn nicht gar gottlosen Welt war dabei durchaus optimistisch, voll Hoffnung. Gottes Reich würde kommen, man müsse nur dafür arbeiten und auch darum beten. Gottes Herrschaft würde wachsen, man müsse sie nur wie einen Samen ausstreuen. Das ist der Kern seiner Verkündigung, der Inhalt seines Evangeliums.
Ich sagte: Jesus war optimistisch. Sein Optimismus hat seine Schüler angesteckt. Sie haben die Botschaft vom Reiche Gottes in die Welt getragen, und auch die von ihnen ausgestreuten Samenkörner sind aufgegangen und haben reiche Frucht gebracht. Das Reich Gottes ist unheimlich schnell in die Welt hineingewachsen und hat das heidnische römische Weltreich bis in die letzten Provinzen hinein durchdrungen. So ist die Kirche entstanden, die große Gemeinschaft der Schüler und Freunde Jesu. Diese Kirche war in der Tat zu manchen Zeiten eine nicht zu übersehende Erscheinung in dieser Welt. Ja, sie war des öfteren eine imponierende und mit den Mächten der Welt auch konkurrierende Macht. Man kann nun fragen: War diese große und mächtige, ja, diese macht-volle Kirche denn schon die Erfüllung des optimistischen Traumes Jesu vom wachsenden Reiche Gottes, so wie er diesen Traum im Gleichnis vom kleinen Senfkorn damals geträumt hat? Die Antwort lautet schlicht und energisch: Nein! Die Kirche war

niemals und ist auch heute nicht das Reich Gottes. Die Kirche übt keineswegs die Herrschaft Gottes über die Menschen aus. Sie ist *nicht* die Stellvertreterin Gottes auf Erden. All das wird immer wieder von so manchen Mächtigen in der Kirche behauptet. All das wird auch immer noch von so manchen Christen geglaubt. Aber es wird nicht dadurch wahr, daß die einen es sagen und andere es ihnen glauben. Macht verträgt sich nicht mit der Herrschaft Gottes. Das Reich und damit die Herrschaft Gottes – sie beide wachsen nur in der Ohnmacht der Menschen.
Man lese daraufhin doch nur einmal die Evangelien. Bei Mattäus wird ein Wort Jesu überliefert: *Ich preise dich, Vater, Herr des Himmels und der Erde, weil du all das den Weisen und Klugen* – und damit auch den Großen und Mächtigen – *verborgen, den Unmündigen* – den Kleinen – *aber offenbart hast* (11,25). Und im Magnifikat, dem von Lukas komponierten Lobgesang Mariens, heißt es gar: *Er* – Gott – *stürzt die Mächtigen vom Thron, und er erhöht die Niedrigen* (1,52). Nehmen wir das eigentlich ernst? Macht und die, die sie ausüben; Throne und die, die auf ihnen sitzen und herrschen, haben im Reiche Gottes, in der »Herrschaft« Gottes, nichts zu suchen. Die Kirche ist nicht schon automatisch das Reich Gottes auf Erden. Alfred Loisy, der große französische Exeget, hat 1902 in seinem Buch *L'Évangile et l'Église* (Das Evangelium und die Kirche) einmal sehr plastisch formuliert: *Jésus annonçait le royaume, et c'est l'Église qui est venue – Jesus hat das Reich Gottes angekündigt, und was kam, war die Kirche.* Dieser Satz ist in der Folge oft zitiert worden, oftmals bissig und voller Spott und Hohn. Aber er war so gar nicht gemeint. Er wollte nur schlicht eine Tatsache feststellen – die Tatsache, daß das von Jesus gepredigte Reich Gottes und die geschichtlich gewordene Kirche nicht ein und dasselbe sind. Die Kirche selbst steht allezeit unter dem Anruf und Anspruch, Gottes Reich, Gottes Herrschaft in sich wachsen zu lassen. Die Kirche – das sind ja doch die Christen, das sind ja doch wir!
Ich sagte: Jesus war optimistisch, was das Wachsen des Reiches Gottes in den Herzen der Menschen angeht. Auch die Schüler Jesu waren optimistisch, wenn sie seine Botschaft, den Samen seines Evangeliums in die Welt hinein ausstreuten. Zum bloßen Optimismus gesellte sich aber schon bald etwas anderes. Das vergangene

Konzil hat auf dieses andere aufmerksam gemacht und vielfältig davor gewarnt. Ich meine den sogenannten Triumphalismus. Was damit gemeint ist, geht am klarsten aus einer Kritik des belgischen Bischofs De Smedt an einem von der römischen Kurie für das Konzil seinerzeit vorbereiteten Papier hervor. In einer damals als sensationell empfundenen Rede in Sankt Peter führte der Bischof unter anderem aus, daß die Kirche, wenn sie ihre Sendung beschreibe, allen Triumphalismus vermeiden müsse; sie dürfe sich also nicht so darstellen, als sei sie auf Eroberung und schreite von Sieg zu Sieg; sie dürfe ihr eigenes Leben auch nicht auf die Aktivität von Papst und Bischöfen allein reduzieren und sich so zum Klerikalismus hinreißen lassen. (LThK, Das Zweite Vatikanische Konzil, Bd. I, 141)

Die Kirche darf sich nicht so darstellen, als schreite sie von Sieg zu Sieg! Daß der Triumphalismus die große Versuchung eines jeden Erfolges ist, scheint mir nun aber schon die kleine Geschichte vom winzigen Senfkorn zu offenbaren, da es ja eben zur großen, alles andere überragenden Staude wird. Freilich, bei Markus und in seinem »Urevangelium« spüren wir noch nichts davon. In großer Sachlichkeit, ja, Bescheidenheit referiert er Jesu Worte: Ja, wenn das kleine Korn im Boden ist, *dann geht es auf und wird größer als alle Gartengewächse und treibt große Zweige, so daß die Vögel sich in ihrem Schatten niederlassen können*. Da fordert nichts unsere Kritik oder gar einen Zweifel an der Richtigkeit der Schilderung heraus. Anders jedoch schon bei den Nachfolgern des Markus, bei Lukas und Mattäus. Lukas schreibt vom kleinen Körnchen: *Und es wuchs ... und es wurde zu einem Baum ... und die Vögel ließen sich in seinen Zweigen nieder* (13,19) – in seinen Zweigen, nicht im Schatten der Zweige. Auch Mattäus macht aus der Senfstaude einen Baum mit Zweigen voller Vögel. Aus dem bloßen Wachsen ist zehn bis zwanzig Jahre später schon ein Riesenwuchs geworden. Ja, die Kirche hatte sich inzwischen gewaltig ausgebreitet, und man war anscheinend auch gewaltig stolz darauf – und man ist stolz, ja, hochmütig und triumphalistisch geblieben, bis das letzte Konzil mit seinem Aufbruch – zurück zum Evangelium Jesu – nach fast 2000 Jahren endlich allem Triumphalismus Einhalt zu bieten versucht hat.

Ich sagte: »versucht« hat. Denn viele Instanzen unserer Kirche, insbesondere die römischen, leiden weiter am Virus des Triumphalismus. Für sie ist die Kirche allein die »Oberkirche«, der Papst und seine Bischöfe. Für sie ist die ganze Kirche von Unfehlbarkeit durchdrungen. Für sie gibt es keine Fehlentwicklungen. Für sie ist alles hoch und hehr und jeder Zweifel daran ein Sakrileg. Und so gibt es nach wie vor jene unbußfertige Kirche, die nichts falsch macht und nie etwas falsch gemacht hat; die nichts zu widerrufen braucht und die sich niemals – auch nicht für ihre Fehler und Schandtaten – bei den Menschen zu entschuldigen braucht. Diese Kirche ist immer »die größte«, ein großer Baum, und die Vögel – die Völker und Menschen – brauchen sich doch nur in ihr Gezweig, in ihre Obhut zu begeben, damit alles auf Erden in Ordnung sei. Im Evangelium steht nichts davon. Hätte Jesus wirklich den Traum unserer römischen Kurialen von einer mächtigen, vollmächtigen und macht-vollen Kirche geträumt, dann hätte er seinem Gleichnis ja – realistisch und besonders im Blick auf die heutige Zeit – auch noch ein Schlußbild anfügen können: Nachdem das Senfkörnlein gewachsen und gewachsen und zu einem mächtigen Baume geworden war, da wurde es auf einmal kalt und frostig, und die Blätter fielen ab und fielen zu Boden. Denn in der Tat, wenn es so weitergeht, dann werden wir demnächst zwar einen immer noch mächtigen Baum, eine immer noch machtvolle Organisation als Kirche haben, aber das Laub ist abgefallen, die Menschen sind weggegangen. Nur das kahle Geäst reckt sich noch gen Himmel. Ein Gutes würde eine solche entblätterte und entlaubte Kirche allerdings haben: Sie würde kaum mehr in Gefahr kommen, wie es allzulange geschehen ist, von den Menschen mit dem Reiche Gottes verwechselt zu werden – mit der Herrschaft Gottes, von der Jesus in seinem Gleichnis vom Senfkorn geträumt hat.
Träumen wir doch den triumphalistischen Traum einiger weniger nicht länger mit! Und vergessen wir nicht: Jesus hat in seinem Gleichnis vom kleinen Senfkorn nicht von der irdischen Kirche geträumt. Er hat vom Reich Gottes auf Erden, von der Herrschaft Gottes unter den Menschen gesprochen, und die wächst bekanntlich nur in der Stille und in einem Klima, wo keine Macht ausgeübt wird und wo Herrschaft von Menschen über Menschen unbekannt

ist. Jesus war optimistisch, was das Kommen dieser Herrschaft Gottes anging. Ich meine, wir dürften es selbst heute noch sein, in einer Zeit, da in unserer Kirche die Blätter fallen. Unser Optimismus darf dabei aber nicht unserer Kirche, sondern allein dem Reiche Gottes gelten. Optimismus, Hoffnung für die Kirche wird es nur geben, wenn sie sich wieder zu den bescheidenen Anfängen des Evangeliums zurückwendet; wenn sie wieder bereit ist, zum winzigen, unscheinbaren und unbeachteten Senfkorn zu werden – zu einem Senfkorn, das dann aber in der Kraft des Glaubens, der Hoffnung und vor allem der Liebe mit ganz neuem Elan neu zu wachsen beginnt. Ja, ich glaube fest daran: Unsere große und stolze und immer noch so selbstsichere Kirche muß wieder ein kleines Senfkorn werden, um dann von neuem wachsen zu können: hineinzuwachsen in Gottes Reich, in Gottes Herrschaft.

AUTORITARISMUS

Autorität im Geiste Jesu

oder Sendungsbewußtsein in der Monstranz?

JOHANNES 13,12–17.20

Als Jesus ihnen die Füße gewaschen und seine Kleider genommen und sich wieder zu Tisch gesetzt hatte, sprach er zu ihnen: Versteht ihr, was ich euch getan habe? Ihr nennt mich Lehrer und Herr, und ihr sagt es mit Recht; denn ich bin es. Wenn nun ich, der Herr und der Lehrer, euch die Füße gewaschen habe, ist es auch eure Pflicht, einander die Füße zu waschen. Denn ein Vorbild habe ich euch gegeben, damit auch ihr tut, wie ich euch getan habe. Fürwahr, ich sage euch: Ein Knecht ist nicht größer als sein Herr, noch ist ein Gesandter größer als der, der ihn gesandt hat. Wenn ihr das wißt – selig seid ihr, wenn ihr es auch so handhabt.
Fürwahr, ich sage euch: Wer einen aufnimmt, den ich sende, der nimmt mich auf; wer aber mich aufnimmt, der nimmt den auf, der mich gesandt hat. (Nach der Zürcher Bibel)

Der deutsche Bundeskanzler empfängt einmal im Jahr die in Bonn akkreditierten Botschafter und Gesandten. Da gibt es eine alte Geschichte. Die Gattin eines frisch ernannten ausländischen Gesandten war zu einer Festlichkeit eingeladen. Sie war der deutschen Sprache noch nicht so ganz mächtig, und so soll sie sich denn einem anderen Diplomaten mit den Worten vorgestellt haben: Mein Mann ist der Geschickte von – sagen wir – Dingsdaland. Der Angesprochene soll sie sanft verbessert haben: Ach, wie schön, Ihr Mann ist der neue Gesandte, und dann soll er lächelnd hinzugefügt haben: Ob er auch ein Geschickter ist, das wird sich gewiß noch herausstellen. Unsere deutsche Sprache ist oft mehrdeutig, und wer sie nicht ganz beherrscht, bei dem geht es meist nicht ohne Mißverständnisse ab.
Mißverständnisse hat es auch manchmal beim Begriff der Sendung

oder des Gesandtseins im Evangelium gegeben. In unserem Abschnitt aus dem Johannesevangelium kommt der Begriff gleich viermal vor. Von dem, was Johannes hier erzählt – vom Sklavendienst des Füßewaschens, den Jesus beim letzten Zusammensein seinen Schülern erwiesen habe, und von den dabei und danach geführten Gesprächen wissen die anderen Evangelisten nichts. Es ist eine ergreifende Geschichte, und es ist durchaus möglich, daß Johannes hier – wie auch in anderen Fällen, wo er unabhängig von den anderen Evangelisten und über sie hinaus aus dem Leben Jesu berichtet – aus einer zuverlässigen Überlieferung schöpft. Wir dürfen dabei nur nicht vergessen, daß Johannes eine solche Geschichte nicht »einfach so« – als eine Geschichte unter vielen anderen – erzählt; daß er sie und die Jesusworte, die er in dieser Geschichte überliefert, vielmehr sorgfältig ausgesucht hat – für seine eigene Verkündigung von Jesus, ganz gleich, ob das dann nun eine wirkliche Predigt vor einer damaligen Christengemeinde gewesen ist oder aber »nur« die Predigt und Verkündigung Jesu für die Leser des von ihm verfaßten Evangeliums.
Was Jesus also in der Geschichte vom Sklavendienst des Füßewaschens sagt, muß demnach für die Gemeinde des Johannes wichtig gewesen sein. Ich sagte, viermal käme in dem kurzen Abschnitt der Begriff der Sendung oder des Gesandtseins vor. Es klingt fast beschwörend, wenn Jesus da sagt: *Der Knecht steht nicht über seinem Herrn* – und ich füge hinzu: auch wenn der seinem Knecht sogar selbst den Dienst eines Knechtes erwiesen hat. Und ebenso gilt: *Der Abgesandte steht nicht über dem, der ihn geschickt,* von dem er Auftrag und Bevollmächtigung bekommen hat. Es war damals zur Zeit Jesu und im jüdischen Bereich so, wie es auch heute noch diplomatische Gepflogenheit bei uns ist: Der Botschafter oder Gesandte eines Landes gilt als der Repräsentant dieses Landes, das ihn mit der Vertretung seiner Interessen in einem anderen Land beauftragt und dementsprechend auch mit Autorität und Vollmacht ausgestattet hat. Auch die Abgesandten Jesu – wir nennen sie meist mit dem fremden, griechischen Wort *Apostel,* das aber nichts anderes bedeutet als eben *Gesandte* –, auch sie haben von ihm Autorität und Vollmacht erhalten, aber eben ihnen mußte bereits zur Zeit des Johannes eindringlich eingeschärft werden:

Der Abgesandte steht nicht über dem, der ihn geschickt hat. Ja, es heißt weiter in gleicher beschwörender Sprache: *Wenn ihr das wißt* (und das heißt: ihr solltet es wissen!), *dann seid ihr glücklich zu preisen, wenn ihr auch danach handelt.* Auf gut deutsch heißt ein solches Jesuswort in der Predigt des Johannes, daß es damals nötig war, einigen »Aposteln«, einigen Gesandten Jesu, einigen Vorstehern von Kirchen und Gemeinden wieder einzubläuen, was ihnen anscheinend abhanden gekommen war: die richtige Rangordnung. Ihr habt Autorität, ihr habt Vollmacht, aber ihr seid nicht Jesus! Ihr seid Knechte – er ist der Herr; ihr seid Apostel, Abgesandte – er ist der, der euch geschickt hat! Jesus selbst ist allen Aposteln, allen Gesandten, allen Autoritäten und Vollmachtsträgern ein Vorbild für das Wissen um solche Rangordnung. Er wußte sich stets vom Vater im Himmel gesandt, aber er hat sich als der »Sohn« nie an des Vaters Stelle gesetzt. Auch der Evangelist Johannes, der wie kein anderer im Sohn die Offenbarung des Vaters gesehen hat, auch er hat die Unterschiede nicht verwischt, sondern eher noch in einer für uns schon fast befremdlichen Weise herausgestellt – so, wenn er etwa Jesus sprechen läßt: *Wenn ihr mich liebtet, würdet ihr euch freuen, daß ich zum Vater gehe; denn der Vater ist größer als ich* (14,28).

Der Vater ist größer als der »Sohn«; Jesus, der Herr, ist größer als alle seine Apostel und Gesandten. Und es tummeln sich mittlerweile – nach fast 2000 Jahren – derer gar viele in seiner Kirche. Sie alle beanspruchen Autorität und Vollmacht im Namen Jesu, und ich meine, sie tun es zu Recht, solange der Geist Jesu in ihnen lebendig ist und aus ihnen spricht. Aber Autorität und Vollmacht aller Apostel und jeglicher Gesandten erlöschen in dem Augenblick, da sie die Rangordnung vergessen, die Jesus ihnen vorgelebt hat und die ihnen allen unumstößlich vorgegeben ist: *Der Knecht steht nicht über seinem Herrn, und der Abgesandte steht nicht über dem, der ihn geschickt*, von dem er Auftrag und Bevollmächtigung bekommen hat. Jesus hat keinem seiner Knechte, keinem Apostel, keinem Papst oder Bischof eine Blankovollmacht ausgestellt. Für alle Gesandten Jesu gilt, was uns Johannes als Wort Jesu predigt: *Ihr seid meine Freunde, wenn ihr tut* (nicht nur predigt), *was ich euch gebiete ... Das ist mein Gebot, daß ihr euch untereinander liebt* (15,14.12). Und das

heißt unmißverständlich: Wenn es anders ist, ist's mit der Freundschaft aus, erlischt aber auch alle Autorität und alle Vollmacht.
Ich glaube, es ist gut, das – gemäß der Botschaft des Johannes – auch den Christen von heute sehr deutlich zu sagen. Wir leben ja doch in einer Kirche, die auf dem Boden des heidnischen Rom Wurzel geschlagen hat und die dort auch groß und mächtig geworden ist; die das heidnische Weltreich besiegt hat und die doch viel von diesem *Imperium Romanum* in sich aufgenommen hat. Unsere römische Kirche ist durch und durch juristisch geprägt, und das Recht und die Rechtssicherheit gelten in ihr ebensoviel wie in einem jeden modernen, rein weltlichen Staat. Da macht es, so scheint es mitunter, nichts aus, ob ein Apostel, ein Gesandter Christi, auch noch den Geist Jesu hat. Was er tut, in welcher Gesinnung auch immer, *hat* Autorität und *ist* rechtlich gültig. Ich will den toten Erzbischof Marcel Lefebvre gewiß nicht wieder aus seiner verdienten Vergessenheit herausreißen. Aber da hat er nun länger als ein Jahrzehnt den römischen Papst und seine Mitbischöfe in aller Welt in nicht mehr zu überbietender Gehässigkeit beschimpft und des Unglaubens bezichtigt; da hat er also in all den Jahren bereits all das gemacht, was beim Apostel Paulus den Tatbestand der Spaltung von Kirche und Gemeinde Jesu erfüllt, und da soll er dann doch noch als »Apostel und Gesandter« eben dieses Jesus und kraft einer ihm von Jesus verliehenen Autorität und Vollmacht – im Juristenjargon zwar »unerlaubt«, aber eben doch »gültig« – Bischöfe, also neue Gesandte, neue Autoritäts- und Vollmachtsträger haben weihen können? Vom Evangelium Jesu her verstehe das, wer will! Vom römischen – seinem Ursprung nach profanen – Rechtsdenken her läßt sich das durchaus verstehen. Und hier liegt ja auch die Tragikomik des ganzen Theaters, das von seiten der römischen Kirchenzentrale um diesen »Apostel« Lefebvre gemacht worden ist: daß nämlich römisches Rechtsdenken und traditionalistischer Starrsinn, Lefebvre und die Spitzen des Vatikans, gar nicht so weit auseinanderliegen, wie man nach all dem Gerede von der Kirchenspaltung ja doch meinen könnte – jener Spaltung, die Lefebvre dann angeblich erst anno 1988 mit seinen Bischofsweihen ausgelöst haben soll.
So kann man in der Tat nur reden, wenn man den Geist Jesu völlig

draußen vor der Tür läßt. Die Kirche Jesu wird indes nicht zuerst dadurch gespalten, daß ihre äußere Organisationsform von einem in Haß und Rechthaberei erstarrten »Apostel« an irgendeiner juridischen Naht aufgetrennt wird, sondern dadurch, daß das Gebot Jesu, das Gebot der Liebe, mit Füßen getreten wird; dadurch, daß der Geist Jesu abgetrieben oder in juristische Formeln aufgelöst wird. Was Johannes, im Geiste Jesu, damals den Aposteln, Gesandten, Autoritätsträgern seiner Zeit beschwörend gesagt hat, das gilt noch immer in der Kirche Jesu: *Der Apostel steht nicht über dem, der ihn geschickt* und beauftragt hat. Apostolische Autorität kann sich nie verselbständigen; sie gibt es immer nur im Geiste Jesu, im Geiste der Liebe. Wo der Geist Jesu schwindet, erlischt auch alle Autorität in seinem Namen. Und selig sollte man auch heute alle Apostel und Gesandten Jesu preisen, die das verstanden haben und sich vor allem auch in ihrem Amtsverständnis und in ihrer Amtsausübung danach richten. Es hat leider immer – nach Johannes schon in der allerersten Zeit – Amtsträger, Gesandte Jesu gegeben, die ihre Sendung, ihre Autorität, ihre Vollmacht wie eine Monstranz vor sich hergetragen haben. Aber in eine Monstranz gehört immer nur Christus hinein. Wo immer wir darum einem übereifrigen, vielleicht sogar eitlen, auf Autorität und Vollmacht pochenden Sendungsbewußtsein in der Kirche Jesu begegnen, sollten wir gewarnt sein und wissen, daß allein der Geist Jesu die Autorität verleiht, die, wie es der Epheserbrief ausdrückt, dem *Aufbau des Leibes Christi* auf Erden dient (4,12).

Ich sagte eingangs, daß es durchaus möglich sei, daß Johannes hier aus einer zuverlässigen Überlieferung schöpfe. Ich bin von der Zuverlässigkeit seiner Überlieferung im vorliegenden Fall sogar fest überzeugt – nicht nur, weil sie in allem den Geist Jesu atmet, sondern auch, weil auch der Evangelist Mattäus, wenn auch in ganz anderem Zusammenhang, als ein Wort Jesu überliefert: *Ein Schüler steht nicht über seinem Lehrer und ein Knecht nicht über seinem Herrn* (10,24). – Markus, Mattäus und Lukas – alle drei – berichten vom gemeinsamen Mahl beim letzten Zusammensein Jesu mit seinen Schülern am Abend vor seinem Leiden, und Lukas erwähnt dabei – ebenso wie Paulus im Brief nach Korinth – auch noch Jesu ausdrücklichen Auftrag: *Tut das zu meinem Gedächtnis!* Der Evangelist Johannes dagegen hat keinen solchen Abendmahlsbericht. Er berichtet nur vom Sklavendienst des Füßewaschens, den Jesus seinen Schülern erweist – der Herr den Knechten, der Auftraggeber seinen Beauftragten und Gesandten. Aber auch Johannes weiß von einem Auftrag Jesu an seine Schüler: *Wenn ich, euer Herr und Lehrer,* sagt Jesus zu ihnen, *euch die Füße gewaschen habe* wie ein Knecht, *dann sollt auch ihr einander die Füße waschen,* das heißt füreinander zu jedem Dienste der Liebe bereit sein. Mahl der Liebe – Dienst der Liebe! Ist da, was den Auftrag Jesu an seine Gesandten, an seine Schüler angeht, überhaupt ein Unterschied? Wir sollten den Evangelisten für diese Doppelüberlieferung dankbar sein. Denn jede dieser Überlieferungen interpretiert ja auf ihre Weise den einen, gleichen Geist Jesu, und jede verpflichtet auch die gesamte Christenheit – nicht nur ein paar »Gesandte«, ein paar Amtsträger –, diesen Geist Jesu weiterzugeben. Wo er erlischt, stirbt alle Autorität in Jesu Namen; wo sein Geist lebendig ist, lebt seine Kirche.

Eine Kirche in Unterhosen?

Des Geistes neue Kleider

Galater 3,26–27; 4,6; 5,16–25

Ihr seid Gottes Kinder, weil ihr zum Vertrauen gefunden habt und mit Jesus Christus verbunden seid. Als ihr in der Taufe Christus übereignet wurdet, habt ihr Christus angezogen wie ein Gewand.
Weil ihr nun Kinder Gottes seid, gab Gott euch den Geist seines Sohnes ins Herz. Der ruft aus uns: »Abba! Vater!«
Ich will damit sagen: Lebt aus der Kraft, die der Geist Gottes gibt; dann müßt ihr nicht euren selbstsüchtigen Wünschen folgen. Die menschliche Selbstsucht kämpft gegen den Geist Gottes, und der Geist Gottes gegen die menschliche Selbstsucht; die beiden liegen im Streit miteinander, so daß ihr das Gute nicht tun könnt, das ihr doch eigentlich wollt. Wenn aber der Geist Gottes euer Leben bestimmt, dann steht ihr nicht mehr unter dem Zwang des Gesetzes.
Wohin die menschliche Selbstsucht führt, kann jeder sehen: zu Unzucht, Verdorbenheit und Ausschweifungen, Götzendienst und Zauberei, Streit, Gehässigkeit, Rivalität, Jähzorn, Geltungsdrang, Uneinigkeit und Spaltungen, Neid, Trunk- und Freßsucht und noch vieles dergleichen. Ich warne euch, wie ich es schon früher getan habe: Wer solche Dinge tut, für den ist kein Platz in Gottes neuer Welt.
Der Geist Gottes dagegen läßt als Frucht eine Fülle von Gutem wachsen, nämlich Liebe, Freude, Frieden, Geduld, Freundlichkeit, Güte, Treue, Nachsicht und Selbstbeherrschung. Wer so lebt, hat das Gesetz nicht gegen sich. Das gilt von allen, die zu Jesus Christus gehören; denn sie haben ihre Selbstsucht mit allen Leidenschaften und Begierden ans Kreuz genagelt.
Wenn nun Gottes Geist von uns Besitz ergriffen hat, dann wollen wir auch aus diesem Geist unser Leben führen. (Nach: Gute Nachricht)

Es wird kaum jemanden unter uns geben, der nicht das eine oder andere unserer alten deutschen Märchen kennt – Hänsel und Gretel, der Wolf und die Geißlein, Frau Holle, Rotkäppchen, Dornröschen, Schneewittchen und viele andere mehr. Vielleicht würden wir sie aber längst nicht mehr kennen, wenn nicht zwei Brüder, Jacob und Wilhelm Grimm, sie zu Beginn des vergangenen Jahrhunderts mit viel Fleiß gesammelt hätten. Die von den Brüdern Grimm gesammelten Märchen sind Volksmärchen; der Volksmund hat sie geschaffen. Es gibt aber auch noch eine andere Art von Märchen, die wir im Unterschied zu den Volksmärchen Kunstmärchen nennen. Sie sind von Dichtern und Erzählern geschaffen worden, und die schönsten von ihnen stehen in ihrer Weisheit und in den von ihnen ausgesprochenen Wahrheiten den Volksmärchen in nichts nach. Der wohl bekannteste Märchendichter ist der Däne Hans Christian Andersen, und eines seiner bekanntesten Märchen ist das Märchen von des Kaisers neuen Kleidern.

Viele Menschen sind eitel. Viele wollen mehr scheinen, als sie in Wirklichkeit sind, und die Mächtigen und Reichen dieser Welt machen darin nicht nur keine Ausnahme, sie geben im Gegenteil den anderen Menschen oft ein besonders schlechtes Beispiel. Darum ist vieles auf dieser Welt mehr Lug und Trug als Ehrlichkeit und Wahrhaftigkeit. Es gibt aber doch auch immer wieder Menschen, die so ehrlich und so wahrhaftig sind, daß es ihnen gar keine Mühe macht, das Spiel von Lug und Trug, von Eitelkeit und Aufgeblasenheit zu durchschauen, daß sie es nicht nur selber nicht mitspielen, sondern das der anderen auch noch entlarven. Das ist die Weisheit und Wahrheit des Märchens von des Kaisers neuen Kleidern. Der Inhalt ist kurz der, daß sich zwei kleine – oder auch große – Gauner die Eitelkeit des Herrschers zunutze machen. Sie geben sich als tüchtige Tuchweber und Schneider aus, die angeblich eine so zarte und so feine Ware herstellen und verarbeiten, daß nur die edelsten und tüchtigsten Menschen sie überhaupt mit ihren Augen wahrzunehmen vermögen. Wer ihre Stoffe und Kleider nicht zu sehen vermag, so verbreiten sie, der ist untüchtig und unfähig, mag er auch ein noch so hohes Amt unter den Menschen bekleiden. Natürlich bestellt der eitle Kaiser sich sogleich solche neuen, feinen Kleider, und die Gauner tun so, als webten und nähten sie Tag um Tag, obwohl sie absolut nichts in ihren Händen haben. Und als der Kaiser seine Minister und Würdenträger losschickt, den Fortgang der Arbeit zu begutachten, da ist auch für sie absolut nichts zu sehen, aber sie loben die Stoffe und die Jacken und Hosen, weil sie sich keine Blöße geben wollen. Denn, so hatten die Gauner ja mit kluger Absicht verbreiten lassen: Wer die feinen

Gewebe nicht zu sehen vermag, der ist ein Versager; der taugt nicht zu seinem hohen Amt. Als man dann endlich dem Kaiser die neuen Kleider, die es gar nicht gab, zum Anziehen überreicht, da sieht auch er nichts. Aber auch er darf sich nicht blamieren und seine Unfähigkeit zu seinem Amte öffentlich eingestehen, und so lobt er seine neuen Kleider über die Maßen und schreitet mit ihnen in der festlichen Prozession daher, und alle jubeln – die Minister und das ganze Volk –, obwohl ihr Kaiser doch eigentlich nur in den Unterhosen daherschreitet. Nur ein kleines Kind ruft auf einmal laut in die feierliche Stimmung hinein: Da seht doch, der Kaiser hat ja gar nichts an! Und Lug und Trug der großen wie der kleinen Leute zerplatzen wie eine riesige Seifenblase. Weil ein einziges kleines Kind ehrlich und wahrhaftig war, fiel der ganze unehrliche Zauber, das ganze komplizierte Gebilde aus Lüge und Eitelkeit wie ein Kartenhaus in sich zusammen.
Nun sollten Christen eigentlich immer so ehrlich und wahrhaftig sein wie dieses Kind im Märchen von des Kaisers neuen Kleidern. Da bringen Eltern beispielsweise ihr neugeborenes Kind zur Taufe, und der Pfarrer fragt sie zu Beginn des Ritus: *Was erbittet ihr von der Kirche Gottes für euer Kind?* Und als Antwort ist im Taufritus vorgesehen: *Die Taufe*, oder: *die Gnade Christi*, oder: *Daß es ein Kind Gottes wird.* Und der Pfarrer spricht im Verlauf der Feier zu Eltern und Paten:

Gott liebt euer Kind und schenkt ihm durch den Heiligen Geist im Wasser der Taufe neues Leben. Dieses Leben soll wachsen und dem Bösen widerstehen können. Deshalb sollt ihr euer Kind im Glauben erziehen. Wenn ihr bereit seid, als gläubige Menschen diese Aufgabe zu übernehmen, dann sagt jetzt im Gedenken an eure eigene Taufe dem Bösen ab und bekennt euren Glauben an Jesus Christus, den Glauben der Kirche, in dem euer Kind getauft wird ...

Und die Eltern und Paten »widersagen« und »glauben« und versprechen alles, was der Pfarrer sie fragt und ihnen vorsagt, und der Pfarrer tauft das Kind – nicht nur im Namen des Vaters und des Sohnes, sondern auch und gerade im Namen des Heiligen Geistes.
Immer wieder ist im Ritus der Taufe und auch der übrigen Sakra-

mente vom Heiligen Geist die Rede, der im Sakrament seinem Empfänger mitgeteilt wird – mitgeteilt, geschenkt, gegeben für sein Leben als Christ, als Schüler jenes Jesus von Nazaret. Am deutlichsten wird das alles im Sakrament der Firmung. Zu Beginn der Feier spricht der Bischof:

Die Apostel haben am Pfingsttag den Heiligen Geist empfangen. Wie uns die Apostelgeschichte berichtet, waren die Apostel auch bevollmächtigt, die Taufe durch die Gabe des Heiligen Geistes zu vollenden. Als der heilige Paulus Getauften die Hände auflegte, kam der Heilige Geist über sie, und sie verkündeten in vielfacher Weise die Großtaten Gottes. Den Bischöfen als den Nachfolgern der Apostel ist die gleiche Vollmacht gegeben ... den Heiligen Geist auf jene herabzurufen, die durch die Taufe schon zu neuem Leben wiedergeboren sind. Ihr habt die Taufe empfangen. Nun soll euch in der Firmung die Kraft des Geistes Christi geschenkt werden ... Seid darum lebendige Glieder dieser Kirche und bemüht euch, unter der Führung des Heiligen Geistes allen Menschen zu dienen, gleichwie Christus, der nicht gekommen ist, sich bedienen zu lassen, sondern zu dienen.

Und dann heißt es im Gebet vor der eigentlichen Spendung der Firmung:

Lasset uns beten zu Gott ... daß er den Heiligen Geist herabsende auf diese jungen Christen ... Der Heilige Geist stärke sie durch die Fülle seiner Gaben und mache sie durch seine Salbung Christus, dem Sohne Gottes, ähnlich.

Und nach einer Zeit stillen Betens um den Heiligen Geist spricht der Bischof:

Wir bitten dich, Herr, sende ihnen den Heiligen Geist, den Beistand. Gib ihnen den Geist der Weisheit und der Einsicht, des Rates, der Erkenntnis und der Stärke, den Geist der Frömmigkeit und der Gottesfurcht ...

Und dann bei der Salbung der Stirn des Firmlings spricht der Bischof zu jedem einzelnen: *N., sei besiegelt durch die Gabe Gottes, den Heiligen Geist.*

Ich will hier nicht den ganzen Firmritus wiederholen; ich will auch nicht noch auf die anderen Sakramente zu sprechen kommen. Immer wieder ist vom Heiligen Geist die Rede, der einem jeden Christen in der Taufe geschenkt wurde, der ihn erfüllen soll und

der ein ganzes Leben lang in ihm und aus ihm heraus wirken soll. Aber was ist nur mit diesem Heiligen Geist? Viele *im Wasser und dem Heiligen Geist* Getaufte kommen erst gar nicht mehr zur Firmung »mit dem Heiligen Geist«. Und welche Rolle spielt dieser Heilige Geist vor allem nach der Firmung noch im Leben eines jungen Menschen? Spielt er überhaupt noch eine Rolle im Leben eines Christen? Ist er vielleicht manchmal da und manchmal auch nicht? Verschwindet er zeitweise wieder aus unserem Leben? Oder ist er vielleicht nur so etwas wie des Kaisers neue Kleider? Man redet ohne Unterlaß von ihm – im Gottesdienst, in der Predigt, auch im Religionsunterricht, in bischöflichen Hirtenbriefen und im Sonntagsblatt, und man wagt doch untereinander nicht zuzugeben, daß er eigentlich keine Rolle spielt; daß man in unserem modernen Leben, auch von seiten der Christen, eigentlich doch ganz gut ohne diesen Heiligen Geist auskommen kann. Muß da vielleicht wieder erst ein kleines, naives, aber ehrliches Kind kommen und uns sagen, daß die durchschnittliche Christenheit, wie der Kaiser im Märchen, »des Geistes neue Kleider« gar nicht anhat und daß sie, wie alle Welt, nur in ihrer vorchristlichen – heidnischen – »Unterwäsche« ihres Weges geht? Sind wir womöglich auch Gaunern auf den Leim gegangen, die uns weisgemacht haben, daß wir doch alles anhätten, was es an christlicher »Oberbekleidung« so gibt, wenn wir nur irgendwann einmal in unserem Leben ein paar von den Sakramenten empfangen hätten?
Im Märchen von Hans Christian Andersen hat übrigens nicht nur das Kind ausgerufen: *Er hat ja gar nichts an!* Der eine hat's dem anderen mit einem vielsagenden Blick zugeflüstert. Ja, erst hat man es sich zugeflüstert, dann hat man's immer lauter gerufen und schließlich im Chor gegrölt und gelacht: *Er hat ja gar nichts an!* Ich erinnere mich an eine Talk-Show von Radio Bremen im Mai 1989. Neben dem Doktor Theissen aus Memmingen war auch Frau Waschbüsch, die Präsidentin des Zentralkomitees der Deutschen Katholiken, eingeladen. Sie war damals schlagfertig und beschlagen genug, um weder ihrem schnoddrig-unverschämten Interviewer auf den Leim zu gehen, noch auch das Gespräch mit ihm zur bloßen Publikumsgaudi entarten zu lassen. Aber sie hat es auch nicht verhindern können, daß eben jenes Publikum bei dem

– nach einem Memminger Gerichtsurteil noch brisanter gewordenen – Thema »Abtreibung« fast nur noch höhnte und lachte, wenn sie für den Schutz des hilflosen, ungeborenen Lebens eintrat. Wahrscheinlich war der größte Teil dieses Publikums auch einmal *im Heiligen Geist* getauft worden. Aber eben dieses Geistes neue Kleider hatten sie an jenem Abend gewiß nicht angezogen.
Dennoch wäre es zu einfach, jetzt zu sagen: Ja, dann braucht man sich doch nicht zu wundern, wenn solche Leute fast einhellig die freie Abtreibung des ungeborenen Lebens fordern. Natürlich braucht man sich über die Geist-losigkeit eines solchen Publikums und einer ja noch viel größeren Öffentlichkeit heute nicht zu wundern. Wundern muß man sich nur über die Geistlosigkeit unserer Christenheit, die nach staatlichen Gesetzen ruft, die durch streitbare Kirchen-Männer die Glocken gegen die Abtreibungsseuche läuten läßt, die aber anscheinend nicht mehr in der Lage ist, den Heiligen Geist als schlichtes und überzeugendes Kleid in ihrem alltäglichen Leben zu tragen. Ich bin nach wie vor davon überzeugt: *Man sieht den Heiligen Geist, wo er wirklich da ist.* Man sieht ihn wie ein Kleid, wie einen Anzug, vorausgesetzt, man hat ihn auch angezogen. Und wo man nichts sieht, da ist auch nichts – trotz Taufe und Firmung. Nicht die geistlose Welt um uns her sollte uns ängstigen, sondern eine Christenheit, die von ihrem kostbaren Gewand zwar viel redet, die dieses Kleid aber anscheinend mehr oder weniger in ihrem liturgischen Kleiderschrank eingemottet hat. Eine Christenheit ohne dieses Kleid des Heiligen Geistes, eine Kirche sozusagen »in Unterhosen«, bietet jedoch eher Anlaß zum Gespött als zur Bewunderung, und ebendas zeigte sich in der genannten Talk-Show und wird sich, ohne daß die Christenheit ihre eigene Geistlosigkeit überwindet, immer stärker noch auch in unserer geistlosen Öffentlichkeit zeigen.

Man schwört aufs Evangelium

und tritt es mit den Füßen

Mattäus 5,33–37

Ihr habt gehört, daß zu den Alten gesagt worden ist: Du sollst keinen Meineid schwören, und: Du sollst halten, was du dem Herrn geschworen hast. Ich aber sage euch: Schwört überhaupt nicht, weder beim Himmel, denn er ist Gottes Thron, noch bei der Erde, denn sie ist der Schemel für seine Füße, noch bei Jerusalem, denn es ist die Stadt des großen Königs. Auch bei deinem Haupt sollst du nicht schwören; denn du kannst kein einziges Haar weiß oder schwarz machen. Euer Ja sei ein Ja, euer Nein ein Nein; alles andere stammt vom Bösen.

Ein Pfarrer, der vor seiner Gemeinde das Evangelium Jesu verkünden soll, steht Sonntag für Sonntag wohl vor der Frage: Was soll ich predigen? Diese Frage kann sehr verschieden verstanden werden. Man könnte sie verstehen als Zeichen einer gewissen Hilflosigkeit des Predigers – etwa in dem Sinne: Schon wieder ist Sonntag ... was soll ich denn schon wieder sagen? Worüber sprech' ich denn nur in meiner Predigt? Die Frage kann aber auch anders verstanden werden. *Was soll ich predigen?* kann heißen: Was erwartet man von mir?, und das »man« können dann die Kirchenoberen sein, aber auch die Menschen unter der Kanzel, die Leute in den Bänken und auf der Empore. Man erwartet etwas vom Prediger – das ist sicher, aber erwartet nicht jeder etwas anderes? Erwarten die da oben nicht etwas anderes als die da unten? Gemeint sind jetzt aber nicht die auf der Empore im Gegensatz zu denen im Kirchenschiff, sondern die »da oben« in Rom und wo immer sonst man in unserer Kirche wie in einer Wolke über der Erde zu schweben scheint und den Kontakt zu den Menschen und zu ihrem Leben und Fühlen verloren hat. Soll auch der Prediger anfangen zu schweben und aus der Wolke heraus reden? Ob man die Frage: *Was soll ich predigen?*, so oder so versteht, wer über sie nachdenkt, versteht gewiß, warum immer häufiger von einer Predigtnot vieler Pfarrer die Rede ist. Vielleicht ist das »Was soll ich predigen?« aber noch

ganz anders gemeint. *Was soll ich predigen?* kann ja auch heißen: Was muß ich predigen? Hat nicht der Apostel Paulus in seinem ersten Brief nach Korinth dieser Not Ausdruck verliehen? *Wehe mir, wenn ich das Evangelium nicht verkündigte!* (9,16). Wer das Evangelium Jesu verkündet, der verkündet es im Namen Jesu – nicht im Namen eines Papstes oder sonstigen Kirchenoberen – und auch nicht im Namen, und das heißt auf Wunsch oder nach den Wünschen irgendeiner Gruppe oder Gemeinschaft.
Was muß der Prediger also predigen? Der unbekannte Verfasser des sogenannten zweiten Timotheusbriefes schreibt:

Ich beschwöre dich bei Gott und bei Christus Jesus ... Verkünde das Wort, tritt dafür ein, ob man es hören will oder nicht; weise zurecht, tadle, ermahne, unermüdlich und geduldig (4,1–2).

Gemeint ist mit dem »Wort« doch wohl das Wort Jesu, und nur das Wort Jesu und ein Wort aus seinem Geiste. Aber dann ist da auch noch die Rede von denen, die sich nach eigenen Wünschen ihre Lehrer suchen – solche, *die den Ohren schmeicheln* (4,3). Ich zweifle immer mehr daran, daß der unbekannte frühchristliche Verfasser damit die »da unten«, die in den Bänken, die sogenannten kleinen Leute gemeint haben könnte. Wer hat denn schon die Macht, sich seine Verkünder und Lehrer, seine Kopfnicker und Schmeichler zu suchen? Wer hat die Macht, wenn nicht die Mächtigen, wenn nicht die »da oben«? Es gibt eine bestimmte, eingefahrene Art, das Evangelium zu lesen und auch zu predigen – ich möchte sie nennen »von oben nach unten«, als ob Jesus immer nur die Kleinen, die Einfachen, die Armen und Mühseligen im Blick gehabt habe, wenn er ermahnte, wenn er zum Guten aufforderte, wenn er in die Gewissen redete, wenn er vor den Menschen predigte. Das Gegenteil war der Fall, und darum wurden ja auch die Großen und Mächtigen und nicht die kleinen und einfachen Leute seine Gegner.
Ob das bei einer Predigt im Gottesdienst der Christen alles so ganz anders sein darf, wenn es eine Predigt im Namen Jesu sein soll? Ich wage es schon lange zu bezweifeln. Freilich kann ein Sonntagsprediger die Großen und Mächtigen – in welchen Bereichen auch immer – kaum jemals direkt erreichen. Er kann jedoch etwas

anderes: Er kann die Kleinen und Einfachen ermuntern, sie in ihrem Christsein stärken und sie immer wieder darauf hinweisen, daß sie das Volk sind, nicht die Politiker, nicht die Regierenden; ebenso aber auch, daß sie das Volk Gottes sind, daß sie die Kirche Jesu sind, nicht die Kirchenoberen, die Mächtigen in der Kirche, an wen immer man jetzt auch denken mag und denken muß. Was mich überrascht, ist, daß es – auch nach dem vergangenen Konzil – immer noch so viele überrascht, wenn man ihnen sagt, daß sie die Kirche Jesu, das Volk Gottes sind. Und noch mehr überrascht ist dieses Volk Gottes, wenn es erfährt, wie vielerorts »da oben« mit dem Evangelium Jesu umgegangen – umgesprungen wird. Ich weiß, wovon ich rede. Ich denke nicht einmal an den jetzt wohl für immer in der Versenkung verschwundenen Vatikanerzbischof Paul Marcinkus, den einstigen Reisemarschall des Papstes und früheren Präsidenten der Vatikanischen Bank, der zweimal (1983 und 1987) mit italienischem Haftbefehl gesucht wurde (F.A.Z., 2. 11. 1990) und dem man sogar Kontakte zum Umfeld der Mafia nachgesagt hat. Ich denke vielmehr an die Verfolgung ernstzunehmender Theologen durch die vatikanische Glaubensbehörde, die sich unter dem jetzigen Papst und dem Leiter dieser Behörde, Joseph Ratzinger, wieder in einem schier unerträglichen Maße verschärft hat.

Von der Redaktion des *Würzburger Katholischen Sonntagsblatts*, der Kirchenzeitung des Bistums Würzburg, wurde Ende 1988 der Theologieprofessor Dr. Rolf Zerfaß interviewt und nach der Angst in der gegenwärtigen Kirche gefragt. Seine Antwort war:

Ich kenne einen Kollegen, der vom Herrn Nuntius in Bonn schriftlich aufgefordert worden ist, Kollegen zu benennen, die nicht mehr treu zum Glauben der Kirche stehen. Er tue damit der Kirche einen großen Dienst. Darin sehe ich eine Aufforderung zur Denunziation, und wo das Denunziantentum sich ausbreitet, dort breitet sich die Angst aus. (WKS, 18. 12. 1988, 15)

Der Herr Nuntius hat sich übrigens bei dem von Zerfaß erwähnten Kollegen, einem der führenden deutschen Theologen und einem von persönlicher Lauterkeit ebenso wie von kirchlicher Loyalität geprägten Christen, eine harte Abfuhr geholt. Der Spott in Klerikerkreisen, die Bonner Apostolische Nuntiatur sei in Wirklichkeit eine vatikanische De-nuntiatur und der Nuntius eher ein Denuntius, hatte sich freilich wie im Fall seines zweiten Vorgängers, des späteren Kardinals Corrado Bafile, erneut bestätigt. Daß letzterer 1973 den beliebten Limburger Bischof Wilhelm Kempf in Rom als zur Bistumsleitung unfähig denunziert hatte, ist wohl noch nicht überall vergessen. Die meisten dieser Aktivitäten kommen leider nicht ans Licht, und sie scheuen auch das Licht. Wen wundert's, daß ich auf drei ebenso höfliche wie besorgte, aber auch kritische und deutliche Briefe an Erzbischof Josip Uhac nie eine Antwort bekommen habe? Ich hatte ihn als einen mit seinem Gastland anscheinend doch nicht so ganz vertrauten Mitbruder unter anderem daran erinnert, daß es aus dem Munde des Dichters unserer Nationalhymne, August Heinrich Hoffmann von Fallersleben, einen zum Sprichwort gewordenen Satz gebe:

Der größte Lump im ganzen Land,
das ist und bleibt der Denunziant. (Politische Gedichte 1843)

Hier wird in der Tat das Evangelium auf den Kopf gestellt, nicht schon dadurch, daß ein katholisches Mädchen vor der Heirat bereits ein Kind bekommt. 1989 erschien im Herder-Verlag das Buch eines der bekanntesten deutschsprachigen Theologen, des Redemptoristen und langjährigen Professors für Moraltheologie Pater Bernhard Häring. Sein Titel: *Meine Erfahrung mit der Kirche*. Es läuft einem kalt den Rücken herunter, wenn man das siebte Kapitel dieses Buches liest: *Lehrprozeß und andere Erfahrungen mit dem Heiligen Offizium* (S. 105–188). In einem Vortrag hat Pater Häring gesagt, daß es leichter gewesen sei, vor den Gerichten der Nazis zu stehen als vor dieser Römischen Glaubensbehörde, und daß diese (wörtlich) *nicht aufhörte, mich zu verfolgen, auch als man wußte, daß ich dem Tode nahe war.* Pater Häring war Ende der 70er Jahre an Kehlkopfkrebs erkrankt. Nach einer Operation fällt ihm das Sprechen äußerst schwer, und trotzdem reist er immer noch zu Vorträgen in alle Welt – aus Liebe zur Kirche, wie er immer wieder glaubhaft versichert.
Unser Evangeliumstext ist ein Abschnitt aus der sogenannten Bergpredigt. Es geht darin um die in der Zeit Jesu weit verbreitete

Unsitte, bei allen Gelegenheiten zu schwören, und die Schriftausleger stimmen weitgehend darin überein, daß das absolute Verbot des Schwörens, der Eidesleistung, so wie Jesus es hier ausspricht, auch tatsächlich auf Jesus selbst zurückgeht: *Ich aber sage euch, ihr sollt überhaupt nicht schwören! Euer Ja sei ein Ja, euer Nein ein Nein; alles andere stammt vom Bösen* – das heißt: ist ein Werk des Teufels. Deutlicher kann man's wohl nicht sagen. Die alte Kirche, die erste Christenheit, hat sich auch an dieses strikte Gebot gehalten. Noch an anderer Stelle im Neuen Testament, im Jakobusbrief, findet sich dasselbe Gebot fast mit den gleichen Worten. Bei Justin dem Märtyrer lesen wir: *Daß wir in keinem Fall schwören, aber immer die Wahrheit sagen sollen, dazu hat Jesus uns aufgefordert.* Und das war die Haltung der Christen bis in die Zeit der sogenannten Konstantinischen Wende. Damals wurde das Christentum die Staatsreligion, und es gab immer mehr Anlässe, sich mit dem Staat einzulassen und seine Spielregeln auch in den oberen Rängen der christlichen Kirche zu übernehmen. Das so einfache Gebot Jesu, immer und überall einfach die Wahrheit zu sagen, kam unter die Räder; die Kirche selbst wurde im Schlepptau der staatlichen Macht, oft aber auch in offener Konkurrenz zu ihr, selbst zu einer weltlichen Macht, und ihre Führer, die Päpste und Bischöfe, wetteiferten fortan mit den Kaisern, Königen und Fürsten dieser Welt.
So wurde auch der Eid, vor allem der Amtseid, zu einem Mittel päpstlicher Machtpolitik, und er ist es geblieben bis heute. 1989 dokumentierte der *Materialdienst des Konfessionskundlichen Instituts Bensheim* beispielsweise den Eid, den ein neuernannter Bischof in der römischen Kirche zu leisten hat:

Ich ..., ernannt zum ... Bischof ..., werde der heiligen apostolischen römischen Kirche und dem Papst, dem Nachfolger des seligen Apostels Petrus im Primat und Stellvertreter Christi, und seinen rechtmäßigen Nachfolgern stets treu und gehorsam sein. Diese werde ich nicht nur in höchsten Ehren halten, sondern auch dafür sorgen, soweit das in meinen Kräften steht, daß diesen die geschuldete Ehre erwiesen und jegliche Kränkung von ihnen ferngehalten wird.
Die Rechte und die Autorität der Päpste zu fördern und zu verteidigen, werde ich mich bemühen, ebenso die Vorrechte ihrer Gesandten und

Vertreter. Jeden Anschlag, der etwa gegen diese Rechte von irgend jemandem geplant wird, werde ich dem Papst persönlich rückhaltlos aufdekken.
Die mir anvertrauten apostolischen Dienste des Lehrens, Heiligens und Regierens werde ich in hierarchischer Gemeinschaft mit dem Stellvertreter Christi und den Gliedern des Bischofskollegiums mit aller Gewissenhaftigkeit nach Geist und Buchstaben der heiligen Canones [Kirchengesetze] *zu erfüllen eifrigst bemüht sein ...* (MD 40 [2/89] 27)

Das sind gut 40% der gesamten Eidesformel. Es ist immer nur vom Papst und von seiner Autorität die Rede; der Name *Jesus* kommt in der Formel nicht vor; auch von seinem Heiligen Geist und der Verkündigung seiner frohen und erlösenden Botschaft ist keine Rede. Die Schlußformel lautet: *So wahr mir Gott helfe und dieses heilige Evangelium Gottes!* Das Evangelium wird beschworen, und es wird zugleich mit Füßen getreten.
Nun hat der derzeitige Papst am 25. Februar 1989 im *Osservatore Romano* zwei weitere ungewöhnliche Eidesformeln veröffentlichen lassen, und schon vier Tage später, am 1. März, trat diese Verfügung in Kraft. Von Stund an sollten alle Amtsinhaber in der römischen Kirche bei ihrer Amtseinführung ein erheblich erweitertes sogenanntes Glaubensbekenntnis sprechen und über diesen Glaubenseid hinaus auch noch einen Treueeid leisten. Von den neuen Eiden betroffen sind Generalvikare, Offiziale, Pfarrer, Kirchenrektoren, Diakone, Ordensobere, Seminar- und Theologieprofessoren. Das hatte es bislang in der Kirche noch nicht gegeben, und einer der römischen Hoftheologen selbst hat damals von einer »absoluten Neuheit« gesprochen. Auch die seriöse *Herder-Korrespondenz* äußerte seinerzeit ihr Erstaunen und ihre Bedenken und rätselte nach den Gründen:

Erstaunen erregt ... die Tatsache, daß man bald 25 Jahre nach dem II. Vatikanum überhaupt auf den Gedanken verfallen ist, kirchlichen Amtspersonen einen solchen Treueeid zumuten zu sollen, nachdem man bisher auch in den extremsten Zeiten der Kirchengeschichte ohne einen solchen ausgekommen ist. Ist Kirche in ihren Leitungsstrukturen so schwach auf Glauben gegründet, daß die oberste Leitung der Kirche meint, das Bekenntnis des Glaubens ... genüge nicht, man müsse sich der eigenen Amtsträger auch noch disziplinär per Eid vergewissern? ... Von dem »Ich aber sage euch, ihr sollt überhaupt nicht schwören« in Mt 5,34, das in Jesu Bergpredigt mindestens so scharf formuliert ist wie in wenigen Versen vorher das Scheidungsverbot, einmal ganz abgesehen. (HK 43 [4/1989] 153 f.)

Das ist in der Tat bedrückend. Die österreichische freie Kirchenzeitung *Kirche Intern,* die der Wiener Pfarrer Rudolf Schermann – in einer sprunghaft gestiegenen Auflage von mittlerweile 20 000 Exemplaren monatlich – herausgibt, goß ihren Spott über diesen gewiß nicht letzten römischen Streich aus, indem sie einem vatikanischen Monsignore die Worte in den Mund legte:

Nicht zuletzt soll auch das »Volk Gottes« nicht von der Eidesleistung ausgeschlossen bleiben. Der sogenannte »Gemeine Volkseid« könnte das übliche, vielleicht unnötig lange Glaubensbekenntnis ersetzen und sich auf die Formel beschränken: »Ich glaube alles, vertrete alles und tue alles, was Christus in Person seines Stellvertreters, des Papstes, und die Heiligen Ämter der römischen Kurie mir heute und in Zukunft vorschreiben.« (KI 3 [5/89] 7)

Aber die Sache ist zu ernst, als daß man sich mit dieser Art Spott zufriedengeben könnte. Wohl erinnert einen solcher Spott und die Witze, die in zunehmendem Maße heute auch im kirchlichen Bereich entstehen, an das Klima in den vielen Diktaturen unserer Zeit. Der derzeitige Papst stammt aus einer solchen Diktatur, und er hat in Polen ähnliche Erfahrungen gemacht wie wir Älteren im Nazireich. Ich frage mich allen Ernstes: Ob er die tödliche Versuchung der Kirche – um in einem totalitären System widerstehen und überleben zu können, sich selbst dessen totalitären Verhaltensmustern anzupassen –, ob er diese Versuchung vielleicht nicht für so tödlich hält, wie man es dem Evangelium gemäß erwarten sollte, so daß er ihr dann auch jetzt noch – und zwar für die gesamte Kirche – erlegen wäre? Ich stehe nicht allein mit dieser Frage. Josef Blank, der leider so früh verstorbene Saarbrücker Neutestamentler, schrieb in der *Orientierung,* der Zürcher Jesuitenzeitschrift:

Man sollte sich endlich zur Einsicht durchringen, daß in der Kirche Jesu

Christi als Gemeinschaft aller Glaubenden der Eid keinen Ort mehr hat und dort eigentlich nicht mehr vorkommen dürfte, und zwar auf allen Ebenen, weil er der klaren Weisung Jesu widerspricht ... Vor allem paßt der Eid nicht mehr zu einer Kirche, die seit dem Zweiten Vatikanischen Konzil angefangen hat, sich von vielen Dingen, die mit dem Evangelium und seinem Zeugnisauftrag nichts zu tun haben, zu befreien. (Or 53 [9/1989] 99)

Ja, was soll ein Pfarrer des Sonntags predigen? Ich habe vorhin den zweiten Timotheusbrief zitiert, in dem es heißt: *Ich beschwöre dich bei Gott und bei Christus Jesus ... Verkünde das Wort, tritt dafür ein, ob man es hören will oder nicht* (4,1–2). Ein Trost in der Predigtnot des Predigers scheint mir eben dieses Wort der Verkündigung zu sein. Ist das Wort Jesu – inmitten aller päpstlichen Diplomatie, aller kurialen Schliche und vatikanischen Ängste, aller juridischen Metastasen am Leibe der Kirche – letztlich nicht doch etwas, für das es zu kämpfen lohnt und nach dem zu leben nach wie vor einen froh machen kann? *Euer Ja sei ein Ja, euer Nein ein Nein; alles andere stammt vom Bösen* – ist Teufelswerk, mag es sich auch an der höchsten Kirchenspitze ganz ungebührlich breitmachen. Was ist es demgegenüber doch für eine wunderbare Sache, wenn es auf der anderen Seite dann ganz unten, an der Basis der Kirche – bei den Kleinen – Gemeinden gibt – Gemeinden Jesu –, in denen es ohne Kniffe und Winkelzüge, ohne Eides- und Sicherheitsleistung schlicht und einfach *ehrlich* zugeht und in denen einer dem anderen uneingeschränkt vertrauen kann! Natürlich wissen wir alle, daß auch das nicht ohne Mühe, nicht ohne die Anstrengung aller – wirklich aller in einer Gemeinde – zu haben ist. Wenn es aber dann solche Gemeinden tatsächlich gibt, dann sollten wir wissen, wem allein wir dieses Wunder zu verdanken haben. Dem, der seinen Schülern einst die knappe Weisung mit auf den Weg gab: *Euer Ja* sei *ein Ja, euer Nein* sei *ein Nein; alles andere stammt vom Bösen.*

Ringelsöckchen statt Gottes Barmherzigkeit?

»Und bist du nicht willig, so brauch' ich Gewalt!«

Lukas 7,36–39.48–49

Jesus ging in das Haus eines Pharisäers, der ihn zum Essen eingeladen hatte, und legte sich zu Tisch. Als nun eine Sünderin, die in der Stadt lebte, erfuhr, daß er im Haus des Pharisäers bei Tisch war, kam sie mit einem Alabastergefäß voll wohlriechendem Öl und trat von hinten an ihn heran. Dabei weinte sie, und ihre Tränen fielen auf seine Füße. Sie trocknete seine Füße mit ihrem Haar, küßte sie und salbte sie mit dem Öl. Als der Pharisäer, der ihn eingeladen hatte, das sah, dachte er: Wenn er wirklich ein Prophet wäre, müßte er wissen, was das für eine Frau ist, von der er sich berühren läßt; er wüßte, daß sie eine Sünderin ist.
Jesus sagte zu der Frau: Deine Sünden sind dir vergeben. Da dachten die anderen Gäste: Wer ist das, daß er sogar Sünden vergibt?

Es geht mir nicht anders als wohl jedem anderen pensionierten Pfarrer: Man wird ab und zu von seiner früheren Gemeinde eingeladen. Dann kommen wie von selbst auch die Erinnerungen. Als ich Anfang der 70er Jahre im Westerwald, in der Nähe von Montabaur, Pfarrer war, da haben mir die Älteren so manches auch von ihren früheren Pfarrern erzählt. Einige waren beliebt, andere eher gefürchtet. Sie haben's wohl alle gut gemeint, nur fiel das halt bei unterschiedlichen Naturen auch recht unterschiedlich aus. Einer meiner Vorgänger, der Dekan Johannes Jonas, war 24 Jahre dort, von 1916 bis 1940, von einem Weltkrieg also bis zum anderen. Die älteren Gemeindemitglieder, die ihn in ihrer Jugendzeit noch erlebt hatten, erzählten oft von seiner Strenge. Wehe denen, die nicht in seiner Andacht oder in den eigens angesetzten Betstunden waren, wenn im evangelischen Nachbardorf Kirmes war. Was konnte da, auf einer evangelischen Kirmes, nicht alles passieren oder gar sich anbahnen! Es war gewiß ein gutmeinender und sich sorgender Priester. Was er alles gelitten haben muß, verrät eine Eintragung von seiner Hand in der Pfarrchronik des Jahres 1925. Da schreibt er:

Die Vergnügungssucht in der Jugend nimmt nahezu bedenkliche Formen an. Fast jeden Sonntag ist ringsum Tanzvergnügen, das in der Regel bis 2 Uhr nachts dauert. Selbst Jugendliche im Alter von 14–15 Jahren eilen in Scharen diesen Vergnügen nach, was bei der Unerfahrenheit in diesem Alter für das religiöse und sittliche Leben außerordentlich nachteilige Folgen zeitigen muß. Die Eltern sind trotz aller Mahnung nicht dazu zu bewegen, hier Einhalt zu gebieten. Solange die Kommunalbehörden hier nicht Einhalt gebieten, ist alles Mahnen und Warnen und sonstige seelsorgliche Einwirkung umsonst. Selbst Kommuniontage werden zu Tanztagen gemacht.

Und dann folgt eine Entgleisung, die beschämend ist, auch wenn der Pfarrer sich in seinem Eifer für sein Zitat auf einen Heiligen beruft. Ich kann nicht nachprüfen, ob der heilige Franz von Sales, der Bischof von Genf war und 1622 gestorben ist, das je gesagt hat. Wenn ja, dann hat auch ein vor gut hundert Jahren sogar zum Kirchenlehrer erhobener Heiliger seine schwachen Momente gehabt. In der Chronik zitierte mein Vorgänger im Zusammenhang der von ihm so genannten Kommunion- und Tanztage: *Morgens am Tische des Herrn, nachmittags an den Trögen der Schweine.* Der Pfarrer stand mit seinen Nöten nicht alleine da. Im gleichen Jahr 1925 hatte die Fuldaer Bischofskonferenz sogenannte *Katholische Leitsätze und Weisungen zu verschiedenen modernen Sittlichkeitsfragen* veröffentlicht. Auch hier war die Angst damals größer als die christliche Vernunft. Ich zitiere nur einen vergleichsweise harmlosen Absatz:

Die Eltern, vor allem die Mütter sind verantwortlich für die Kleidung ihrer Töchter. Daß Frauen und Mädchen im Heiligtum des Gotteshauses und gar am Tische des Herrn sich anders als in durchaus ernster und ehrbarer Kleidung einzufinden wagen, muß in Zukunft ausgeschlossen sein ... Aufgabe des katholischen Volksteils ist es, nicht nur die schlechte Mode zu bekämpfen, sondern sich nachdrücklich um die Schaffung und Einführung einer gediegenen und schönen Frauenkleidung zu bemühen.

Ja, man hält es nicht für möglich, was für Sorgen die Fuldaer Bischofskonferenz 1925 hatte – in einer gewiß schweren Zeit. O Gott, mögen heutige Mädchen jetzt denken, ist man damals denn im Bikini oder gar »oben ohne« in die Kirche gelaufen? Ich kann sie beruhigen, und manche Oma weiß es ja auch noch: Es ging um Ringelsöckchen und Blüschen mit kurzen Ärmeln. Chomeini läßt grüßen! Vergessen wir aber nicht: Auch bei uns war der Terror gewaltig. Wenn heutzutage einige Kirchenfürsten aus Protest gegen die – gewiß schlimme – Abtreibungsseuche die Glocken ihrer Diözesen lärmen lassen, dann liegt das zwar auf derselben Linie; aber solcher Lärm ist doch harmlos gegenüber den Torturen, die in jener Vergangenheit, von der die Rede ist, etwa eine uneheliche Mutter in ihrem christkatholischen Dorf durchzumachen hatte. Das darf einfach nicht in Vergessenheit geraten. Denn auch heute sind die Eiferer und Fanatiker wieder unterwegs. Sie sind ja keineswegs ausgestorben – nicht unter den Pfarrern und Ordensleuten, aber auch nicht unter den Kirchenchristen. Man erkennt sie daran: Sie wollen die Menschen zwingen – zum Guten natürlich oder zumindest zu dem, was sie dafür halten. Hier ist der springende Punkt, auch für unsere Beurteilung. Der Pfarrer rief damals nach dem Staat, der die in seinen Augen gefährlichen Vergnügungen verbieten sollte; die Bischöfe schrieben im zitierten Passus: *Die Mütter sind verantwortlich.*

Ja aber – wird jetzt wohl auch die eine oder andere Mutter sagen: Sollen wir die Kinder denn einfach laufen lassen? Und wenn man an Suff und Drogen denkt, vielleicht sogar schnurstracks in ihr Verderben hinein? Aber das wird mir doch wohl niemand zutrauen, daß ich solcherart Rat geben wollte. Die Holländer haben in diesem Zusammenhang ein Wortspiel, das sich auch im Deutschen einigermaßen verständlich machen läßt. Sie sagen, ein guter Erzieher müsse *niet leiden, maar begeleiden,* auf deutsch: ein wirklicher Erzieher soll nicht *leiten,* wie man eine Kuh oder ein Kalb am Strick führt, sondern *begleiten,* wie es allein eines Menschen, auch eines heranwachsenden Menschen, würdig ist. Eltern, Lehrer, Pfarrer, Meister im Betrieb als Begleiter – das ist eine mitunter harte Aufgabe, eine oft bedrückende Verantwortung und doch zumeist auch beglückende Erfüllung in einem. Streunende Hunde und verwahrloste Katzen, um die sich kein Mensch kümmert, sind wahrhaftig kein christliches Erziehungsideal! Viele Kinder – auch in gutsituierten Familien – wachsen aber heutzutage wie streunende Hunde auf, und die Opfer der antiautoritären Erziehung

leben – oder leiden – mittlerweile schon als warnendes Beispiel unter uns.
Noch einmal: Verderblich und verwerflich ist der bloß äußere Zwang, nicht die von innen, aus einem sorgenden und liebenden Herzen kommende bewußte Einflußnahme. Früher sprach man auch vom Vorbild. *Vertrauen ist gut, Kontrolle ist besser*, dieses dem bolschewistischen Revolutionär Lenin zugeschriebene Wort ist kein christlicher Erziehungsgrundsatz. Dennoch scheint die Angstpsychose vieler derzeitiger kirchlicher Autoritäten die Angst- und Dressurpädagogik vergangener Zeiten erneut zu favorisieren. Das Denunziantentum feiert fröhliche Urständ. Da findet ein Freund vor dem römischen Plazet zur Übernahme einer staatlichen Hochschulprofessur auf dem Tisch des zuständigen Bischofs die gegen ihn vorliegenden »Bedenken«: Er habe in seinen Vorlesungen nicht genügend Freude an der Kirche verbreitet; er trage keinen römischen Priesterkragen und er habe gelegentlich sogar einen Witz über den Zölibat erzählt. Von der Aufforderung an einen Theologieprofessor, seine Kollegen zu denunzieren – im Brief eines hohen vatikanischen Beamten – war schon im letzten Kapitel die Rede. Und was passiert, wenn ein halbgarer Theologiestudent im Gespräch mit einem greisen römischen Purpurträger seine eigenen Professoren verdächtigt, davon kann die Salzburger Theologische Fakultät ein Liedchen singen. Das Denunziantentum hat in der heutigen Kirche erneut Konjunktur. Das ist in der Tat etwas so Furchtbares und eigentlich Unglaubliches, daß sich der Blick fast von selbst ins ferne China wendet, wo Menschenjagd und Denunziation zu den Instrumenten gehörten, mit denen die Demokratiebewegung im Juni 1989 niedergeschlagen wurde. Gerade wir Deutschen sollten – nach Nazidiktatur und STASI-Herrschaft – besonders sensibel auf diesem Felde reagieren.
Ja aber – mag wieder der eine oder andere denken: Muß man denn nicht den Theologieprofessoren, die unsere künftigen Priester ausbilden, auf die Finger sehen? Und dann fallen ja meist Namen wie der des verstorbenen Franz Böckle oder wie die von Heinrich Fries, Herbert Haag, Hans Küng und Norbert Greinacher, und leider sind es nicht nur theologisch ungebildete »Laien«, sondern auch so manche Priester, die gegen die Genannten und so manche

anderen eine meist ebenso dumme wie ekelhafte Hetze betreiben. Ich kenne übrigens viele der so Attackierten persönlich, und ich schätze sie allesamt als ebenso ehrliche wie verantwortungsbewußte und gescheite Vertreter ihres Fachs. Der große Konvertit John Henry Newman, den Papst Leo XIII. (1878–1903) schon zu Beginn seines Pontifikats (1879) als einfachen Priester zum Kardinal ernannte, hat stets eindringlich und überzeugend die Freiheit der theologischen Forschung verteidigt. Von den Theologenschulen des Mittelalters hat er einmal gesagt:

Warum waren die mittelalterlichen Schulen so stark? Weil ihnen freier Spielraum gelassen wurde, weil die Disputanten nicht bei jedem Wort, das sie sprachen, den Zaum in ihrem Mund zu fühlen bekamen, sondern ihre Glieder frei bewegen und nach Belieben ausgreifen konnten. Wenn sie irregingen, übertrumpfte sie ein stärkerer und wahrerer Intellekt, und mit der Zeit, wenn der Streit gefährlich und ein Kämpfer hartnäckig wurde, dann endlich griff Rom ein – am Ende, nicht zu Anfang. (Briefe und Tagebuchaufzeichnungen, 354; zitiert nach Heinrich Fries in: H. Häring/K.-J. Kuschel [Hrsg.], *Gegenentwürfe* [FS Hans Küng] 229)

Ein solches Wort ist heute fast noch aktueller als damals. In der vorkonziliaren Vergangenheit sind immer wieder mit unglaublich brutalen und totalitären Methoden Arbeit und Karriere und damit letztlich auch das Leben vieler Theologen in unserer römischen Kirche zerstört worden. Ich denke selbst an zwei meiner theologischen Lehrer, an Friedrich Nötscher in Bonn und Friedrich Schmidtke in Münster. Der erste verfiel nach der Indizierung seines Würzburger Lehrers Johannes Hehn, wie mir der Kölner Prälat Wilhelm Schönartz einmal erzählte, einer Art Sippenhaft – lange bevor die Nazis diese später praktizierten: Kein Schüler eines von Rom Gemaßregelten durfte auf einen theologischen Lehrstuhl berufen werden. Dem listigen Rat des Jesuiten Anton Deimel, eines renommierten Orientalisten am Päpstlichen Bibelinstitut, »nur vertretungsweise« einen vakanten Lehrstuhl in Wien zu übernehmen, hatte Nötscher es zu danken, daß er dann schließlich doch noch durch die Maschen schlüpfen konnte. Eine gewisse Bitterkeit war ihm jedoch zeitlebens anzumerken.

Tragischer war der Fall meines anderen Lehrers, Friedrich Schmidtke, eines guten und treuen Priesters. 1933 hatte er als Privatdozent in Breslau, als Frucht eines Studienaufenthalts in Palästina, ein Werk veröffentlicht: *Die Einwanderung Israels in Kanaan*, mit Thesen, die »heute mit größter Selbstverständlichkeit diskutiert« werden – so Herbert Haag. Er wurde denunziert, sein Buch verurteilt und der Breslauer Kardinal Bertram, der schon im Fall Joseph Wittig äußerst unglücklich agiert hatte, angewiesen, ihn aus seiner alttestamentlichen Dozentur zu entfernen. Schmidtke fand Unterschlupf in der Altorientalistik in Münster. In die Unterhaltung mit seinen dortigen Schülern pflegte er immer wieder einzuflechten: *Sie wissen ja, ich bin auch Alttestamentler.* 1957 auf einer Exkursion zum Britischen Museum, im Schnellzug nach London, wo wir einander gegenübersaßen, sagte er beiläufig: *Ich weiß, wer's gewesen ist* (wer ihn denunziert hatte); *aber es ist lange vorbei.* Daß es nicht vorbei war, erfuhr ich bei meinem letzten Besuch, nicht lange vor seinem Tod. Er war stark arteriosklerotisch und erkannte mich zunächst nicht. Als ich sagte: *Aber, Herr Professor, ich war doch Ihr Schüler*, da fuhr es nur so aus ihm heraus: *Dann wissen Sie auch, was man mir angetan hat* ... Ich habe damals ziemlich hilflos dahergestottert – und ich schäme mich heute noch unendlich: *Vielleicht hat man es doch wiedergutmachen wollen, als man Sie zum Prälaten ernannte.* Die Antwort war: *Das war zu spät* ...
Zu spät! Das zerstörte, zerbrochene, nicht wieder heil zu machende Leben eines guten und liebenswerten, von seiner Kirche zerbrochenen Mannes, der selbst niemandes Leben zerstört und der auch nicht mit dieser Kirche gebrochen hat! Wer soll einem nun mehr leid tun in dieser Kirche – die Täter oder deren Opfer? Die Zeugen sterben, die Opfer werden oft vergessen, die Täter leben mit ihren blutleeren Würden und seelenlosen Titeln in vielerlei Weise in ihren Aktenstücken fort. Es wird niemals eine Gauckbehörde und für noch lebende Opfer daher auch niemals eine Akteneinsicht hinter den vatikanischen Mauern geben. Pater Bernhard Häring konstatiert zudem unmißverständlich: *Eine formelle Entschuldigung hat in der kurialen Tradition keinen Platz.* (Meine Erfahrung mit der Kirche, 156)
Hans Küng, den Papst Johannes XXIII. (1958–1963) seinerzeit als

Konzilstheologen nach Rom gerufen hatte, beginnt sein Buch *Wahrhaftigkeit* mit einer Erinnerung:

Eines Tages schob im Zweiten Vatikanischen Konzil während der Sitzung ein Bischof einem anderen einen Zettel zu, der daraufhin die Runde machte. Darauf stand geschrieben: Senatus non errat, et si erret, non corrigit ne videatur errasse – der Senat irrt sich nicht, und würde er irren, korrigiert er nicht, damit es nicht scheint, er hätte geirrt. (A.a.O. 27)

Damals, als mit Papst Johannes und mit seinem Konzil die Hoffnung in unserer Kirche gewaltig aufgebrochen war, mag ein solcher Zettel, wie Küng berichtet, noch *den lesenden Bischöfen ein verschmitztes, verstehendes Lächeln auf die Lippen gezaubert* haben. Seit dem Frühling jedoch weder Sommer noch Herbst, weder Reife noch Ernte gefolgt sind, sondern – zumindest mit dem augenblicklichen Papst – ein, wie man des öfteren hören kann, zunehmend harter Winter erneut seinen Einzug in Rom gehalten hat, seither ist vielen das Lächeln erstorben. Seit 1992, dem Jahr der Öffnung eines nur als dämonisch zu charakterisierenden Archivs, ist in unserem Land aber auch das Bewußtsein entstanden, daß ein Vergessen der Opfer in jedem Falle ein erneutes Verbrechen an ihnen wäre. Für unsere Kirche schlösse solches Vergessen zudem den Verrat an jenen mit ein, die derzeit wieder in ihr beschnüffelt, bespitzelt, denunziert und verleumdet – mit einem Wort: verfolgt werden. Bischof Walter Kasper möchte das vielleicht ähnlich, wie am 6. Februar 1992 in einem wenig glücklichen Fernsehdisput mit Eugen Drewermann geschehen, eine »Horrorvision« von Kirche nennen. Ich würde jedoch gerade ihm auch ein anderes Urteil zutrauen, hätte er auch nur ein einziges Mal in seinem Leben selbst diesen »Horror« erfahren und einem guten und liebenswürdigen Lehrer – als Opfer real existierenden Terrors in unserer Kirche – hilflos wie ich gegenübersitzen müssen. Autoritäten, die andere zwingen statt überzeugen wollen, die die menschliche Freiheit einengen, statt sie zu entfalten und zu fördern, sind keine christlichen Autoritäten, können sich dafür nicht auf Jesus berufen – bestenfalls auf Chomeini und seine Mullahs.

Unser Evangeliumsabschnitt ist über der bedrückenden und bedrängenden Gegenwart keineswegs vergessen worden. Diese Jesusgeschichte, die allein Lukas in dieser Ausführlichkeit berichtet, ist zwar allgemein bekannt. Dennoch kann der Hinweis nützlich sein, daß nicht die sogenannte »Sünderin« die Kontrastfigur – etwa zum »sündenvergebenden Heiland« darstellt. Die Kontrastfigur ist vielmehr der fromme Pharisäer. *Der* ist so ganz anders als Jesus. Und Jesus vergibt auch gar keine Sünden. Er spricht der Frau nur Gottes Vergebung zu. Anders gesagt: Er sagt der Frau auf den Kopf zu, daß Gott ihr längst vergeben hat. Er konfrontiert sie mit Gottes Barmherzigkeit. Noch einmal: Jesus vergibt der Frau keine Sünden, auch wenn das hundert- oder tausendmal in Predigten oder sonstwo gesagt wird. Es steht da – sogar zweimal – im griechischen Originaltext ausdrücklich: *Erlassen worden* sind ihre (beziehungsweise deine) Sünden. Das ist eine passive Form der Vergangenheit, und die kennzeichnet in der Bibel immer wieder ein Handeln Gottes. Man umschrieb das Handeln Gottes in dieser passiven Weise, um den Namen Gottes zu vermeiden, um ihn aus Ehrfurcht nicht aussprechen zu müssen. *Deine Sünden sind erlassen worden* heißt also: Gott hat deine Sünden vergeben. Professor Walter Grundmann schreibt in seinem soliden Kommentar zum Lukasevangelium:

Die Vergebung wird der Frau ausdrücklich zugesprochen; [die Form des Zeitwortes] *kennzeichnet sie als bereits erfolgt und bestehend und zugleich als Handeln Gottes, das Jesus als der Prophet verkündet und vollzieht.* (ThHK Bd. III, 173)

Und das erinnert mich an das Wort eines anderen theologischen Lehrers, das er uns wie einen Nagel damals, während unseres Studiums, ins Gewissen geschlagen hat:

Meine Herren, wollen Sie sich bitte merken: Als Priester sind Sie später nicht dazu da, die Menschen zu gut funktionierenden Bürgern zu erziehen; Ihre Aufgabe ist, ihnen die Barmherzigkeit Gottes vor Augen zu stellen.

Das habe ich wie so manches andere herzhafte Wort dieses Bonner Professors Werner Schöllgen nie vergessen. Vielleicht gibt es uns doch Anlaß zum Nachdenken, was ich aus der Vergangenheit, teils aus meinem eigenen Erleben, erzählt habe – von den Eintragungen meines Vorgängers in der Pfarrchronik, von der Sorge der Bischöfe

anno 1925, von dem vielfältigen Zwang und Druck auf die Freiheit der theologischen Wissenschaft. Überall der Ruf nach einem, der andere zwingen soll – zwingen in eine ganz bestimmte Richtung. Überall die Angst, es könnte bei anderen Menschen etwas schief- oder auch nur anders laufen – jedenfalls nicht so, wie man selber es will oder für richtig hält. Es könnte kurios scheinen, wenn es nicht so bitter wäre: Über Ringelsöckchen und zu kurze Ärmel haben sich deutsche Bischöfe 1925 intensiv beraten. Ich weiß nicht – ich weiß es wirklich nicht, weil ich in meinem Pfarrarchiv darüber nichts gefunden habe –, ob der heraufkommende Nazismus damals für sie auch ein so »brisantes« Thema gewesen ist.
Über den Rest unserer Jesusgeschichte können wir selbst nachdenken – über Simon, den pharisäisch-frommen Gastgeber Jesu, zum Beispiel. Dem ging es doch vor allem darum, daß alles in seinem Hause – und in der Welt ringsum – seine Ordnung habe. Wie läßt er sich doch vernehmen? Wenn der da, dieser Jesus aus Nazaret, ein Prophet (fast hätte ich jetzt gesagt: im rechten Glauben) wäre, dann ließe er doch eine solche Frau nicht an sich herankommen ... die Unordentlichkeit in Person ... das Stadtgespräch ... oder auch der Dorftratsch ... Ein Jammer, daß ich, Simon, sie jetzt nicht einfach an die Luft setzen kann ... Ich werd's aber in der Dorfchronik vermerken ... Denken wir dennoch nicht zuviel über diesen Simon nach! Es wäre Zeitverschwendung. Auch über vieles, was heute in der Kirche geschieht, allzuviel nachzudenken, ist Zeitverschwendung. Es lohnt sich für einen Christen allein, über Jesus nachzudenken: wie er weder anklagt, noch den Versuch einer Zwangsumerziehung macht; wie er allein einen Menschen vor die Barmherzigkeit und Liebe Gottes stellt. Es lohnt sich, darüber nicht nur nachzudenken; es lohnt sich, ihm das nachzumachen. Er hat doch zu seinen Schülern gesagt – und das steht auch bei Lukas, gerade ein Kapitel vorher: *Seid barmherzig, wie euer Vater im Himmel barmherzig ist* (6,36).

Komm, o Geist der Mündigkeit!

Warum Christen am Kopf und nicht an den Hacken gesalbt werden

Mattäus 10,16–20

Seht, ich sende euch wie Schafe mitten unter die Wölfe; seid daher klug wie die Schlangen und arglos wie die Tauben!
Nehmt euch aber vor den Menschen in acht! Denn sie werden euch vor die Gerichte bringen und in ihren Synagogen auspeitschen. Ihr werdet um meinetwillen vor Statthalter und Könige geführt, damit ihr vor ihnen und den Heiden Zeugnis ablegt. Wenn man euch vor Gericht stellt, macht euch keine Sorgen, wie und was ihr reden sollt; denn es wird euch in jener Stunde eingegeben, was ihr sagen sollt. Nicht ihr werdet dann reden, sondern der Geist eures Vaters wird durch euch reden.

Vielleicht erinnern wir uns noch: Als zur Zeit der Reformen nach dem Konzil unsere Konservativen einen verbissenen und bis heute noch nicht aufgegebenen Kampf gegen die sogenannte Handkommunion entfachten, da wurde ihnen von der Gegenseite oftmals entgegengehalten, die Christen sollten »mündige«, erwachsene Menschen sein, und denen stecke man nicht wie kleinen Kindern die Speise in den Mund. Mündigen Menschen steckt man nichts in den Mund! – das klang in den Ohren derer, die so gegen die kämpferischen Reaktionäre argumentierten, gut und überzeugend, und sie hatten zumindest darin recht, daß Christen mündige Menschen sein sollen. Aber die Argumentation stimmte nicht. Unser deutsches Wort *mündig* hat absolut nichts mit unserem Mund zu tun. In unserer altdeutschen Sprache gab es ein zweites, gleichlautendes Wort: *die* Mund, und dieser Begriff aus der germanischen Rechtssprache meinte die Gewalt und gleichzeitig die Verantwortung eines Hausherrn gegenüber den zu seinem Hausstand Gehörigen. Es meinte die schützende Sorge des Mündigen gegenüber seinen unmündigen Schutzbefohlenen. Das Wort »die Mund« ist in unserer Sprache ausgestorben und hat sich nur noch in Ableitungen wie *Vormund* und *Mündel*, *mündig* und *unmündig* erhalten. Ich meine, es könnte nicht schaden, wenn wir auch ein wenig in solchen sprachgeschichtlichen Dingen Bescheid wissen.

Es bewahrt uns dann vor solchen Trugschlüssen, als sei der Vormund eines Menschen jemand, der an Stelle seines Mündels redet, sozusagen *seinen* Mund an Stelle eines anderen aufmacht. Noch schlimmer wäre es, wollte man meinen, mündige Christen hätten ihre Mündigkeit dadurch unter Beweis zu stellen, daß sie bei jeder Gelegenheit ihren Mund aufmachen oder gar das Maul aufreißen.

Ich bleibe jedoch bei meiner Aussage: Christen sollen mündige Menschen sein – mündig durchaus im Sinne dessen, was wir in unserer deutschen Sprachgeschichte erkennen. Mündige Christen sind also – ich sage es wegen des beinahe unausrottbaren Mißverständnisses noch einmal – keine Menschen, die mit offenem Mund in der Welt herumlaufen, die ihr Mundwerk sozusagen spazieren führen. Mündige Christen sind vielmehr eigenständige, selbständige Menschen, die nicht mehr unter Vormundschaft eines anderen stehen, die umgekehrt selbst Vormünder, engagierte Vertreter und Beschützer all jener sein können, die sich selbst in ihrem Leben nicht ausreichend schützen und helfen können. Mündige Christen sind also gerade nicht jene, die dauernd nur reden, theoretisieren und schwadronieren, sondern diejenigen, die mit anpacken; die, die sich selbst nicht schonen; die, die etwas tun. Darüber kann man wahrhaftig nicht genug nachdenken – auch in so mancher heute wieder aufflammenden Diskussion – etwa über den Schutz des ungeborenen Lebens.

Eine andere Schlußfolgerung ergibt sich aus der Mündigkeit eines Menschen. Andere – Unmündige – schützen, ihnen Vormund sein, vor ihnen stehen kann nur jemand, der selbst einen festen Stand hat; einer, der eigenständig ist; einer, der selbständig zu entscheiden vermag. Der mündige Christ ist also das Gegenteil von einem disziplinierten oder gar dressierten Befehlsempfänger. Er ist in seinem Tun und Lassen keineswegs fremdbestimmt, und die Wörter *gehorchen* und *parieren* werden von ihm auch durchaus nicht großgeschrieben. Und nicht nur im Scherz läßt sich darauf hinweisen, daß ein Christenmensch bei seiner Taufe ja immer noch am Kopf, mit dem das eigene Denken geschieht, und nicht etwa an den Hacken gesalbt wird, die man beim Befehlsempfang zusammenschlägt.

Mündige Christen – eine Selbstverständlichkeit in der Kirche Jesu Christi? Für viele ist es vielleicht eine Selbstverständlichkeit. Daß es nicht für alle eine ist, bewiesen in letzter Zeit einmal mehr ein sogenanntes Arbeitspapier einer hohen römischen Dienststelle und auch die wohl ziemlich unbedachte Äußerung eines hohen deutschen kirchlichen Würdenträgers. Ich will Ihnen beides nicht vorenthalten.

Da zitierte doch die katholische Wochenzeitschrift *Christ in der Gegenwart* in ihrer Ausgabe zum 11. Februar 1990 im Leserbrief eines gut informierten geistlichen Kollegen die sogenannten *Lineamenta,* man könnte auch sagen: vorbereitete Arbeitspapiere der für den Herbst des gleichen Jahres in Rom geplanten Bischofssynode. Diese Synode befaßte sich bekanntlich mit dem Thema: *Die Priesterausbildung unter den derzeitigen Verhältnissen.* In diesen Papieren standen nun unter anderem die folgenden Sätze:

Das gemeinschaftliche Leben des [Priester-]*Seminars führt ... zum Verzicht auf den eigenen Willen und zum Gehorsam. Dieser wird erlernt durch eine beständige Beziehung zur Autorität* [gemeint sind die Bischöfe] *und durch die bewußte Annahme bestimmter Lebensregeln.*

Ich habe einen Bischof – der Name tut nichts zur Sache – damals in einem Brief gefragt – wörtlich:

Wie lange werden wir solchen Quatsch noch ertragen müssen? Haut denn keiner einmal auf den Tisch, daß die Tassen – oder die Kerzen, wenn das frömmer klingt – fliegen? (Brief vom 10. 2. 1990)

Natürlich habe ich von dem – vielleicht doch etwas zu unkonventionell – Angeschriebenen keine Antwort bekommen. Aber was hätte er mir auch antworten sollen, antworten können, antworten dürfen? Möglicherweise war ihm die Sache selbst peinlich. Hier wäre dann ja Mündigkeit durchaus einmal in jenem verkehrten Sinne, im Sinne des Mund-Aufmachens, angebracht gewesen. Vielleicht ist ja auch »im stillen« und unter Ausschluß der Öffentlichkeit etwas geschehen. Wenn ein Bischof nördlich der Alpen nämlich wirklich einmal öffentlich – soll heißen: laut und deutlich und unmißverständlich – in Richtung Rom etwas Vernünftiges, Bedenkenswertes – vielleicht auch nur Ungewöhnliches und nicht

einmal Kritisches – verlauten läßt, dann kommt das für viele einer Sensation gleich, und man kann hören, daß das aber doch »mutige Worte« gewesen seien. Der geistliche Kollege und Leserbriefschreiber hat mir im übrigen verraten, daß sein Bischof ihm wörtlich gesagt habe: *Wer so etwas vertreten würde, der wäre bei mir kein Regens,* also kein Leiter des Priesterseminars. Die Mündigkeit kommender Priester wird zumindest in dieser Diözese also noch hochgeschätzt.
Der andere Vorgang scheint mir weitaus bedenklicher. Der aus der DDR seinerzeit nach Köln versetzte Kardinal Meisner hat am 14. Februar 1990 seinen Dekanen eine harsche Lektion erteilt. Wegen des Tonfalls, in dem er sie vortrug, hat er sich später, so wurde mir berichtet, entschuldigt. In der Sache selbst gab es keine Abstriche. In einem offiziellen Protokoll ist seine *Erklärung zur Verweigerung des Glockenläutens am 28. 12. 1989* abgedruckt. Es heißt dort unter anderem:

1. *Jeder katholische Bischof hat das Recht und die Pflicht, aus gegebenem Anlaß den Priestern, Diakonen und hauptamtlichen Mitarbeiterinnen und Mitarbeitern im Pastoralen Dienst verbindliche Dienstanweisungen zu geben.*
2. *Diese Anweisungen sind für den angesprochenen Personenkreis bindend. Bei Vorbehalten aus Gewissensgründen ist mit dem Bischof Kontakt aufzunehmen. Er hat dann zu entscheiden, ob trotz der Bedenken seine Anweisungen auszuführen sind ...*

Das Protokoll vermerkt im Anschluß an diese Erklärung *eine kurze intensive Aussprache*. Die dabei waren, wissen, wie intensiv sie war. Niemand wird »das Recht und die Pflicht« eines Bischofs bestreiten wollen, verbindliche Anweisungen zu geben. Doch, wo kommen wir hin mit der Mündigkeit der Christen, wenn Priester wie Unmündige behandelt und gehalten werden? Ich bestreite einem Bischof daher ganz energisch das Recht, in Gewissensfragen anderer einzugreifen und für sie die Entscheidungsvollmacht zu beanspruchen. Aus Gewissensgründen hatten sich nämlich sehr viele Priester in der Kölner Erzdiözese geweigert, am 28. Dezember gegen die Abtreibungsseuche die Glocken ihrer Kirchen zu läuten. Eben das aber sollte auf Anweisung Meisners geschehen, und er

war fast ungläubig entsetzt, daß so viele Priester diese seine Anweisung einfach ignoriert hatten.
Man mag das alles, vor allem den heiligen Bimbam am Fest der Unschuldigen Kinder, für bloßes, dummes und unnützes Gezänk halten. Es ist mehr. Daß ein Kirchenfürst sich hier – wie soll man es denn anders verstehen? – anmaßt, das Gewissen anderer Christen, seiner Priester, zu bestimmen, ist ein christlicher Skandal und der Versuch, einen der Grundpfeiler unseres Christseins zu zerstören. Jeder Christ ist zuerst seinem Gewissen verpflichtet. *Das* ist christlicher Glaube und katholische Lehre. Wenn überhaupt, dann kommen alle anderen Autoritäten – alle! – erst an zweiter Stelle. Daß eine Gewissensentscheidung eine sehr ernste Angelegenheit ist und keine Teenagerlaune, das darf ich bei meinen geistlichen Kollegen in meiner Kölner Heimat doch wohl voraussetzen. Mündigkeit heißt ja eben nicht, das Maul aufreißen und gegen alles und jedes zu protestieren; es heißt einen eigenen, aus Überzeugung festen und wahrhaft christlichen Standpunkt haben und aus dieser mündigen, andere schützenden Standfestigkeit heraus dann auch zu einer eigenen, eben zu seiner Gewissensentscheidung zu finden.
Ist es sinnvoll, nach dem Hintergrund von des Bischofs zorniger »Erklärung« zu fragen? Ich glaube schon, und ich glaube ebenso, daß ihm der Gehorsam über alles geht und daß dies wohl auch ein wenig aus seiner Vergangenheit verständlich wird. Wie überall in den ehemaligen Diktaturen des Ostens, wo die christliche Kirche einen harten Überlebenskampf führen mußte, war auch in der DDR die Versuchung groß, der geschlossen auftretenden atheistischen Staatsmacht mit ähnlicher Geschlossenheit auch als Kirche zu begegnen. *Die Fahne hoch, die Reihen fest geschlossen ...* wurde schon einmal bei uns in Deutschland gesungen. Die Älteren von uns haben erlebt, wohin es geführt hat – auf der einen Seite in den absoluten Gehorsam gegenüber dem »Führer«, in diesem Falle gegenüber einem Verbrecher; auf der anderen Seite in die Mißachtung und Knechtung der Gewissen. In der Kirche Jesu Christi muß das eine wie das andere jedoch ohne jedes Wenn und Aber ausgeschlossen bleiben. Auch in der Kirche ist Mißachtung der Gewissen ein Verbrechen an den Menschen. Nicht Gehorsam ist die höchste Tugend, sondern die Liebe.

Bekannt ist das Wort des großen Konvertiten von der anglikanischen zur katholischen Kirche im vergangenen Jahrhundert, John Henry Newman:

Wenn ich genötigt wäre, bei den Trinksprüchen nach dem Essen ein Hoch auf die Religion auszubringen, was freilich nicht ganz das Richtige zu sein scheint, dann würde ich trinken – freilich auf den Papst, jedoch zuerst auf das Gewissen und dann auf den Papst. (Ausgewählte Werke Bd. IV, 171)

So und nicht anders sollte es denn doch wohl bleiben – auch unter Päpsten und Bischöfen, die von der Not der Kirche und der Menschen in menschenverachtenden Diktaturen geprägt worden sind! Und ich bin sicher, daß gerade die Kölner Dekane sich keinen Augenblick genieren würden, auch auf ihren Kardinal einen Toast auszubringen – freilich der christlichen Rangordnung entsprechend zuerst auf das Gewissen und dann auf ihren Kardinal.
Im Evangelium, der frohen Botschaft Jesu, von der wir ausgegangen sind, wird als Wort Jesu überliefert: *Gegeben wird euch, was ihr reden sollt. Nicht ihr seid die Redenden, sondern der Geist eures Vaters ist es, der in euch redet.* Das Wort Jesu sollte seinen Schülern die Angst vor den Menschen nehmen; es sollte ihnen Sicherheit geben. Es ist der Heilige Geist, sein Geist und der Geist des Vaters, der aus ihnen spricht; der sie nicht nur in kritischer Stunde die rechten Worte finden, sondern auch die rechten Entscheidungen treffen läßt. *Der Heilige Geist ist das Gewissen des mündigen Christen.* Der Christ, der sich diesem Geiste öffnet und der aus diesem Geiste entscheidet, bedarf keines Vormunds. Jeder Vormund könnte ihn nur wieder für unmündig halten – und schlimmer noch: Er könnte in Versuchung kommen, ihn in dieser Unmündigkeit sogar halten wollen. Der Geist Jesu aber, der Heilige Geist, ist kein Geist einer *neuerlichen Versklavung* (Gal 5,1); er ist der Geist der Mündigkeit und der Freiheit.

Das Schwert Jesu und die Schlacht bei Worringen

Aktuelle Kölner Erinnerungen

Mattäus 10,34–36

Denkt nicht, ich sei gekommen, um Frieden auf die Erde zu bringen. Ich bin nicht gekommen, um Frieden zu bringen, sondern das Schwert. Denn ich bin gekommen, um den Sohn mit seinem Vater zu entzweien und die Tochter mit ihrer Mutter und die Schwiegertochter mit ihrer Schwiegermutter; und die Hausgenossen eines Menschen werden seine Feinde sein.

Ein altes Schulbüchlein, das ich jüngst noch einmal hervorgekramt habe – Bender-Bützler, *Kleine illustrierte Geschichte der Stadt Köln* –, schildert den Kölner Erzbischof Siegfried von Westerburg, der von 1275 bis 1297 amtierte, als einen *tatkräftigen Herrscher von ritterlicher Gesinnung*, aber auch als den *wohl kriegslustigsten Kirchenfürsten, der den erzbischöflichen Stuhl zu Köln innehatte*. Und wörtlich: *Während seiner 22jährigen Regierung legte er selten Helm und Panzer ab* (31.–35. Aufl. o. J., 61). Bereits ein Jahr nach Amtsantritt begann der Erzbischof mit dem Bau einer festen Burg im rheinischen Worringen. Sie lag vor den Toren der Stadt Köln und war auch als Drohung gegen die freiheitsliebenden Kölner gedacht. Als er die Bürger dann noch durch neue Handelszölle erbitterte, kam es am 5. Juni 1288 in der Nähe von Worringen zu einer blutigen Schlacht. Zusammen mit Herzog Johann von Brabant brachten die Kölner Bürger und die Bergischen Bauern ihrem Erzbischof eine vernichtende Niederlage bei. Über die Folgen der Schlacht heißt es:

Nach der Schlacht von Worringen hatten die Kölner Erzbischöfe ihre Rolle als mächtigste Fürsten am Niederrhein ausgespielt. Ausgespielt aber war auch ihre Rolle als Stadtherrn von Köln. [Köln entwickelte sich zur freien Reichsstadt.] *Die Erzbischöfe aber verlegten ihre Residenz aus der Stadt heraus auf die Schlösser, die sie in der Umgebung besaßen. Seit 1500 hielten sie sich meist in Bonn auf. Kamen sie nach Köln, so mußten sie sich jedesmal vor ihrem Einritt eidlich verpflichten, die von den Bürgern errungenen Freiheiten und Rechte nicht anzutasten.* (A.a.O. Aufl. 1966, 66)

Vielleicht denkt jemand: Das mag ja alles für an der Geschichte Interessierte sehr interessant sein, aber ist das in unserer heutigen Kirche nicht doch reichlich Schnee von gestern? Ich hoffe indes, wir alle hören und verfolgen auch die Nachrichten, die seit geraumer Zeit nun schon aus der Schweizer Diözese Chur kommen und die bestätigen, daß die Geschichte immer noch Gegenwart ist. Ja, natürlich, die einzelnen Motivationen der damaligen und der heutigen Auseinandersetzungen und auch das politisch-kirchliche Umfeld von damals und heute sind kaum miteinander zu vergleichen. Aber eines ist sicher: Es ging damals um Macht, und es geht heute um Macht. Die Zürcher *Orientierung* vom 15. Juni 1990 vermeldete zum Amtsantritt des römischen Zwangsbischofs Wolfgang Haas am 22. Mai 1990 in Chur:

Inzwischen hat auch die Kantonsregierung von Graubünden (Hauptstadt Chur!) auf Antrag ihres Parlaments die Nichtanerkennung der Ernennung von Haas ausgesprochen ... Der offenkundige Verstoß [der kurialen Instanzen] *gegen »Treu und Glauben« ist ein Ärgernis, das die Schweizer Bevölkerung in ihrem tiefsten Empfinden für politische Kultur – und damit Kommunikation – trifft.* (Or 54 [11/1990] 131)

In der Stadt Zürich haben bei dieser Machtübernahme die Glocken fast aller katholischen und evangelischen Kirchen Protest geläutet, und die demokratisch gewählte katholische Synode des Kantons Zürich sperrte in der Folge die gesamten finanziellen Beiträge dieses Kantons von umgerechnet knapp einer halben Million Mark an die Bistumskasse in Chur. Die Synode repräsentiert 700 000, also zwei Drittel der Katholiken des Bistums Chur. (F.A.Z., 30. 6. 1990)

Noch immer weigern sich Gemeinden und Pfarrer, von diesem Bischof ihren Kindern die Firmung spenden zu lassen. Der Schwyzer Stiftsherr, Kanonikus Guido Schnellmann, sprach kurz nach der Amtsübernahme in einem Interview mit der österreichischen Kirchenzeitung *Kirche Intern* schlichtweg von einer »Katastrophe«, und wörtlich:

Ich glaube, daß die Polarisierung weiter zunehmen wird, bis sich die Lage so weit zuspitzt, daß es allenthalben ersichtlich wird, daß es so nicht weitergehen kann. Ich bin der Meinung, daß sich Bischof Haas früher oder später mit seinem Verhalten, das er nicht ändern kann, da er nicht einfach aus seiner Haut zu schlüpfen vermag, einfach unmöglich macht. (KI 4 [7/1990] 12)

Diese düstere Prognose hat sich leider erfüllt. Zwei Jahre später hat sich der Widerstand gegen den von allem unberührt scheinenden Bischof weiter verschärft, so daß der Theologe Magnus Löhrer, Benediktiner des Klosters Einsiedeln und Dogmatikprofessor in Rom, auf die Reporterfrage, was der schwerste Vorwurf sei, den er Bischof Haas mache, antwortete:

Die Tatsache, daß er polarisiert, daß er keine Vermittlung sucht und so zur Radikalisierung treibt. Er handelt in etymologischem Sinne [in des Wortes ursprünglicher Bedeutung] *wie ein Schismatiker: Er schafft eine Parallelkirche, indem er einen Teil gegen den anderen stellt. Hier liegt das Paradoxon: Ein Bischof, der tatsächlich auf schismatische* [kirchenspaltende] *Weise agiert, scheint von Rom ... unterstützt zu werden.* (KI 6 [2/1992] 25)

Sind wir immer noch der Meinung, daß sich hier wirklich nichts vergleichen ließe mit dem Kampf der Kölner Bürger gegen ihren ungeliebten Erzbischof und mit seiner Vertreibung aus ihrer Stadt? Wollen wir also nicht doch – ein bißchen wenigstens – unsere Schweizer Mitchristen verstehen? Sie haben, Gott sei Dank, noch die Möglichkeit, an einem Geldhahn zu drehen. Bei unserer ebenso einmaligen wie umstrittenen bundesdeutschen Kirchensteuerregelung dreht immer nur ein einziger am Hahn, und das gegenüber Pfarrgemeinden und Priestern oft mit einmaliger Brutalität. Diese Art der kirchenbehördlichen Selbstfinanzierung gerät zunehmend ins Kreuzfeuer der Kritik. Während der Kölner Verwaltungschef, Generalvikar Norbert Feldhoff, dem Problem eine eigene Schrift mit dem bezeichnenden Titel gewidmet hat: *Kirchensteuer – umstritten, aber bewährt,* finden sich in einem Aufsatz des von mir sehr geschätzten emeritierten Limburger Weihbischofs Walther Kampe kritischere Töne. Er schrieb am 25. Mai 1990:

Die verstärkte Tätigkeit der bischöflichen Ämter war nur durch den zentralen Einzug der Kirchensteuer möglich geworden ... Zwar kam durch diese neue Methode der Kirchensteuerverwaltung der für den Wiederaufbau der zerstörten Kirchen so dringend nötige Finanzausgleich zustande, aber die Gemeinden gerieten auch in eine nie dagewesene Abhängigkeit von einer immer größer und stärker werdenden diözesanen Bürokratie ... Das für eine Großorganisation unerläßliche Reglement muß auf Dauer die schöpferischen Kräfte der Gläubigen zum Erliegen bringen ... Durch diese Entwicklungen entstanden immer neue Frustrationen und Affekte gegen die sogenannte Amtskirche, die als starr und machtbewußt verketzert wurde. (Geist und Institution – Kritische Anmerkungen zur Situation der Kirchen in Ost und West, in: Rheinischer Merkur 21/1990)

Kampe konstatiert anti-amtskirchliche Affekte und scheint ihnen sogar ein gewisses Maß an Verständnis entgegenzubringen. Nicht zustimmen kann ich jedoch dem Bischof, wenn er im Hinblick auf die offenkundige »Krise der kirchlichen Autorität« schreibt:

Der Unterschied zu dem gesellschaftlich-politischen Bereich besteht aber darin, daß Regierungen und andere Leitungskräfte abgelöst werden können, wie es jetzt im Ostblock geschehen ist, daß aber die Existenz einer apostolischen Kirche von der ununterbrochenen Kontinuität der apostolischen Sukzession [Nachfolge] *abhängt. Revolutionen in der Kirche führen daher unweigerlich zu Kirchenspaltungen. Gibt es aber keine Bewegung, so folgt der lautlose Austritt oder die stille Verweigerung.* (Ebd.)

Der Bischof hat recht, was den lautlosen Austritt angeht. Ich bestreite aber sehr, daß »Revolutionen« – was immer auch damit gemeint sein mag – unweigerlich zu Spaltungen führen müssen. Das hieße zudem auch, daß die Spalter immer nur unten im Kirchenvolk und niemals in den oberen Rängen, in der Hierarchie, zu suchen seien. Im Urteil des Dogmatikprofessors, Pater Löhrer, so hörten wir schon, betreibt der gegenwärtige Bischof von Chur Kirchenspaltung! Das war doch im übrigen der vorprogrammierte Bankrott des vergangenen Konzils: daß sie alle in Amt und Würden verblieben sind, die alten kurialen Seilschaften – gerade auch die, die der große Theologe und Konzilsberater Karl Rahner in seinen Briefen vom römischen Konzil immer wieder schlicht als *Bonzen* tituliert hat. Jedermann kann das in Herbert Vorgrimlers empfehlenswertem Büchlein, *Karl Rahner verstehen* (Herderbücherei 1192), nachlesen, und wir erleben es ja auch mit aller wünschenswerten Deutlichkeit derzeit im Osten, wie zählebig und zähklebrig die Bonzen – und mit ihnen ihre Sabotage jeglicher Erneuerung – Umbruch und Wandel überstehen. Im übrigen hat es dem Glauben der Christen in Deutschland damals, anno 1288, wenig geschadet, daß Graf Adolf von Berg nach der Schlacht von Worringen das Kölner erzbischöfliche Schlachtroß erst einmal für über ein Jahr aus dem Verkehr gezogen, das heißt hinter Schloß und Riegel gebracht hat. Auch für Bischöfe, die zum Schwert – und das heißt: nach der Macht – greifen, gilt das in der Passionsgeschichte überlieferte Wort Jesu, daß *alle, die zum Schwerte greifen,* irgendwann *durch das Schwert umkommen* (Mt 26,52). Und das ist auch gut so; denn es dient dem Frieden der Menschen auf Erden.

Beide Schwertworte, das aus der Leidensgeschichte und das in unserem Text, finden sich in dieser Form und mit diesem Wortlaut nur bei Mattäus. Die Worte scheinen sich zu widersprechen: daß Jesus gekommen sei, *nicht den Frieden, sondern das Schwert zu bringen,* und: daß alle, die zum Schwerte greifen, auch selbst zwangsläufig Opfer des Schwertes werden. Was wollte Jesus den Menschen denn bringen, wenn nicht den Frieden auf Erden? Gerade Mattäus hat doch als Jesu Seligpreisung überliefert: *Selig, die Frieden stiften, denn sie werden* (allesamt) *Söhne Gottes heißen* (5,9). Wie verträgt sich das eine mit dem anderen: Nicht Frieden, sondern das Schwert den Menschen zu bringen und zugleich zum Friedenstiften aufrufen?

Bei unserem Text hat Mattäus aus der gleichen Quelle geschöpft wie auch der Evangelist Lukas. Ein Vergleich der beiden Texte läßt das auf den ersten Blick erkennen. Dabei zeigt sich aber auch, daß Lukas seine Quelle stärker geformt und bearbeitet hat, und so heißt es bei ihm denn auch nicht *Schwert,* sondern *Spaltung* (12,51), und das bedeutet *Teilung, Entzweiung, Zwiespalt.* Auch das Schwert bei Mattäus meint also nicht die Waffe, das Mordinstrument, mit dem Menschen seit eh und je unter Gewaltanwendung ihre Machtansprüche durchzusetzen versucht haben – unter ihnen auch der

Kölner Erzbischof Siegfried von Westerburg. *Schwert* ist bei Mattäus Bild für die Entzweiung von Menschen, für die Aufhebung und den Verlust einer früher vorhandenen Gemeinsamkeit und für die Entscheidung, statt weiter miteinander, künftig getrennte Wege zu gehen. Dann stehen – so sagt es Mattäus, indem er ein Wort des alttestamentlichen Propheten Micha (7,6) fast wörtlich übernimmt – *der Sohn gegen seinen Vater, die Tochter gegen ihre Mutter und die Schwiegertochter gegen ihre Schwiegermutter*, mit einem Wort: die jüngere gegen die ältere Generation. Trennung oder gar Aufruhr machen, so Mattäus, selbst vor der Familie mit ihren von Natur her doch so starken Bindungen nicht Halt.
Joachim Gnilka, der Münchener Neutestamentler, hat in seiner Erklärung des Mattäusevangeliums gut herausgearbeitet, wie der Verfasser des Evangeliums die verschiedenen ihm vorliegenden, oft zusammenhanglosen Überlieferungsstücke wie ein Mosaik zu einer zusammenhängenden Jesusrede über die Nachfolge und über die unabdingbare und kompromißlose Entscheidung zu dieser Nachfolge zusammengebunden hat; daß die Jesusrede als Ganzes also eine Komposition des Evangelisten ist. Und Professor Gnilka stellt dann die Frage:

Ist es erlaubt, die Vermutung zu äußern, daß sich hier eine besondere Erfahrung der Christen [zur Zeit und in der Gemeinde des Mattäus] *ausdrückt? ... Im persönlichen Anschluß an Jesus soll der Jünger nicht nur die ihn in besonderer Weise berührenden familiären Auseinandersetzungen ertragen, in ihm soll er auch das Leben suchen.* (HThK Bd. I/1, 398)

Es geht also bei den im Worte Jesu erwähnten Auseinandersetzungen nicht um Machtkämpfe, sondern um die Entscheidung für oder gegen den Weg Jesu, für oder gegen eine Jüngerschaft und Nachfolge, für oder gegen die Annahme des christlichen Glaubens. Was das in damaliger Zeit bedeutete, da das Christentum trotz Verfolgung und Widerstand – von jüdischer wie von heidnischer Seite – in kürzester Zeit so gewaltig expandierte, das vermögen wir, die wir in unser Christentum fast allesamt hineingeboren und hineingetauft worden sind, kaum noch zu ermessen, geschweige denn nachzuvollziehen. Und es war, das läßt sich dem

Evangelium des Mattäus entnehmen, vor allem die Jugend, die dem neuen Glauben in aller ihr eigenen Kompromißlosigkeit zugetan war, die ihm geradezu zuflog und die in ihm die Erfüllung ihrer Sehnsucht und ihrer Ideale suchte. Können wir das heute noch nachvollziehen? Aber vielleicht erschrecken wir wenigstens, wenn es heute gerade die Jugend ist, die dem Christentum und mehr noch der Kirche in Scharen davonläuft. Spielen sich auch heute nicht oft Tragödien in unseren christlichen Familien ab – mit umgekehrtem Vorzeichen freilich –, wenn die junge Generation, das eigene Fleisch und Blut, angewidert von der Verkrustung und Erstarrung so mancher Tradition und gelangweilt von einer satten, hohlen kirchlichen Betriebsamkeit, nicht mehr zum Gottesdienstbesuch und erst recht nicht zu einer Mitarbeit in der christlichen Gemeinde zu bewegen ist?

Einen Gedanken noch zum Schluß. Beim Schwert Jesu, das ein Schwert des Mattäus ist und das der Evangelist einzig und allein als Entscheidung für Jesus versteht, geht es wahrhaftig nicht um die armselige Macht eines Bischofs oder einer römischen Kurie, auch wenn kirchliche Amtsträger in schroffem Gegensatz zum Evangelium immer wieder der Versuchung erliegen, ihre Entscheidungen mit Macht, und das heißt mit Gewalt, durchzusetzen – in der Tat »ohne Rücksicht auf Verluste« wie heute in Chur oder damals in Köln –, in der Tat auch ohne Rücksicht auf Jesus. Nur so – mit Rücksicht auf Jesus – sollten aber alle Ent-scheidungen, auch alle Ent-zweiungen in unserer Kirche, in der Kirche Jesu, getroffen werden. Wenn es um Jesu willen nötig ist, aber nur dann, sollte man auch einem Bischof eine Schlacht liefern; sollte man auch einem Bischof und seinem bürokratischen Anhang den Geldhahn zudrehen. Um Jesu willen darf man ihn auch davonjagen. Denn es ist besser, daß einer läuft oder daß sogar ein paar von oben laufen, als daß immer mehr – gerade von der jungen und begeisterungsfähigen Generation – diesem Jesus davonlaufen. In dem Sinne hat Jesus uns allen – in Köln, in Chur, in Zürich – ein Schwert gebracht. Wohlan, gebrauchen wir es – um Jesu willen!

»Kirchenfürst« Jesus?

Von der christlichen Kunst, miteinander zu sprechen

Mattäus 22,34–40

Als die Pharisäer hörten, daß Jesus die Sadduzäer zum Schweigen gebracht hatte, kamen sie (bei ihm) zusammen. Einer von ihnen, ein Gesetzeslehrer, wollte ihn auf die Probe stellen und fragte ihn: Meister, welches Gebot im Gesetz ist das wichtigste? Er antwortete ihm: Du sollst den Herrn, deinen Gott, lieben mit ganzem Herzen, mit ganzer Seele und mit all deinen Gedanken. Das ist das wichtigste und erste Gebot. Ebenso wichtig ist das zweite: Du sollst deinen Nächsten lieben wie dich selbst. An diesen beiden Geboten hängt das ganze Gesetz samt den Propheten.

Einer meiner Freunde – er ist Dekan in einer rheinischen Großstadt – erzählte mir vor einiger Zeit von einer Konferenz der Dekane mit ihrem Bischof. Der – das ist überhaupt kein Geheimnis, und er würde es, wenn er es denn läse, gewiß eher als ehrend denn als Kritik empfinden –, er verkörpert in unserer Kirche noch den autoritären Bischofstyp – so in dem Sinne: Ich habe das angeordnet und damit basta! Was damit gemeint ist, hat ein Freund aus gemeinsamen Studientagen in Bochum, später dann Akademiedirektor und Pfarrer in Berlin-Kreuzberg, Dr. Klaus Kliesch, in einem aufrichtigen Beitrag und nach leidvoller Erfahrung jüngst noch so erläutert:

Der neue Bischof hatte eigentlich nie begriffen, wozu Akademie- und Bildungsarbeit da sind. Er hätte wohl am liebsten aus allen Bildungseinrichtungen Exerzitienhäuser gemacht. Pluralität war ihm verdächtig. Für ihn galt nur sein Wort, das in den seltensten Fällen avantgardistisch hilfreich war. Er vermochte kaum die Probleme einer Großstadtkultur aufzunehmen, geschweige denn die Wissenschaftsdiskussion und das Ringen der Theologie um den Glauben unter unseren Weltbedingungen. (Diener der bedingungslosen Liebe Gottes, in: Bernd Marz [Hrsg.], *Alles für Gott? Priester zwischen Anspruch und Wirklichkeit*, 1990, 111)

Auf besagter Konferenz, da hat nun einer der Teilnehmer besag-

tem Bischof vor versammelter Mannschaft gesagt: *Herr Bischof, sehr dialogfähig scheinen Sie nicht zu sein.* Man möge es mir glauben: Es gehört auch heute noch Mut dazu, einem autoritär auftretenden kirchlichen Vorgesetzten, ebenso höflich wie bestimmt, das Quentchen Wahrheit zu sagen, das ein jeder von uns für sein Christenleben nötig hat. Ich mußte an dieses Wort von der mangelnden Dialogfähigkeit eines Kirchenmannes denken, als ich an den obigen Mattäus-Abschnitt heranging. Denn: *Sehr dialogfähig scheinen Sie nicht zu sein, Herr Evangelist Mattäus!*
Die Geschichte vom Gesetzeslehrer, vom Rabbi, der zu Jesus kommt und mit ihm die Frage diskutiert, welches das größte, das heißt das wichtigste Gebot in der Tora, im Gesetz des Mose, sei, diese Geschichte ist den meisten von uns nicht unbekannt. Sie ist bekannter als andere Jesusgeschichten, und der Grund dafür mag darin liegen, daß sie uns trotz unseres dreijährigen sonntäglichen Lesezyklus dennoch jedes Jahr in unserem Gottesdienst vorgelesen wird – im ersten Jahr nach Mattäus, im zweiten Jahr nach Markus und im dritten Jahr aus dem Evangelium des Lukas. Die feinen Unterschiede in der Erzählweise der einzelnen Evangelisten verschwimmen freilich vor unseren Augen und Ohren, es sei denn, man ist eben doch etwas bibelfester und liest auch schon mal privat in den vier Evangelienbüchern unseres Neuen Testaments. Erst recht, wenn man gezielt die verschiedenen Fassungen unserer Geschichte bei den verschiedenen Evangelisten miteinander vergleicht, erst recht dann stößt man auf bezeichnende Unterschiede. Es mag nicht ganz so wichtig scheinen, daß Lukas im Gespräch Jesu mit dem anderen Rabbi diesen – den Rabbi – die beiden Gebote der Gottes- und der Nächstenliebe zitieren läßt, während es bei Markus sowohl wie bei Mattäus doch Jesus ist, der dem Rabbi Rede und Antwort steht. In jedem Fall sind beide Seiten sich vollkommen einig in dieser wichtigen und grundlegenden Frage. Bei Lukas sagt Jesus dem Rabbi: *Du hast ganz richtig geantwortet.* Bei Markus sagt der Rabbi zu Jesus: *Sehr gut! Was du gesagt hast, ist vollkommen richtig.* Und auch bei Mattäus wird keinerlei Einwand gegen Jesu Antwort laut.
Und doch erzählt Mattäus uns die Geschichte mit einem anderen Zungenschlag. Wie übrigens auch Lukas, läßt er den Rabbi in

ausgesprochen böser Absicht zu Jesus kommen. Es heißt bei ihm: Der Rabbi, der Gesetzeslehrer, wollte Jesus *auf die Probe stellen.* Besser gesagt: Er wollte ihm eine Falle stellen; er wollte ihn hereinlegen. Nichts davon im Evangelium des Markus, das Mattäus doch als Quelle für sein Evangelienbuch benutzt hat. Markus erzählt vielmehr, daß dieser Schriftkundige eine Diskussion Jesu über ein brisantes Thema mit angehört hatte und anscheinend begeistert war von der Art, wie Jesus im Gespräch mit anderen argumentierte, so daß er selber auch einmal mit Jesus ins Gespräch kommen wollte – in ein Fachgespräch, wie es unter den Rabbinen und Theologen jener Zeit allgemein üblich war. Wenn wir nun beim Vergleich zwischen Markus und Mattäus feststellen, daß Mattäus der Geschichte einen durchaus negativen Beigeschmack gegeben hat – negativ, was die Absicht des jüdischen Rabbi angeht –, dann wundert es uns auch nicht mehr, wenn er die ausdrückliche Bestätigung – daß Jesus und der Rabbi sich in der angeschnittenen Frage vollkommen einig waren – bei seiner eigenen Darstellung des Geschehens ausgeklammert oder besser gesagt: unterschlagen hat. Jesus, der beim Evangelisten Markus ausgesprochen kollegial, sachlich und fachkundig und vor allem von gleich zu gleich diskutiert, der sich also als durchaus dialogfähig erweist, er gibt bei Mattäus einem arglistig Fragenden eine Antwort von oben herab, eine Antwort, die unfehlbar richtig ist und die keiner Zustimmung durch andere bedarf. Mit anderen Worten: Der Jesus, den Mattäus uns in seiner Fassung der Geschichte schildert, ist autoritär wie ein Kirchenfürst und anscheinend auch unfähig zu einem echten menschlichen Dialog.

Nun wird mir ein jeder aber wohl zustimmen, wenn ich sage: Das Problem, das hier auftaucht, die Unfähigkeit zum Dialog, ist nach allem, was wir sonst über Jesus und seine tiefe, echte Menschlichkeit in den Evangelien erfahren, kein Problem Jesu; es ist ein Problem des Evangelisten Mattäus. Es ist in den Auseinandersetzungen seiner Zeit mit dem Judentum ebenso ein Problem der frühen Christenheit gewesen, und es ist ein Problem der Kirche bis heute geblieben. Christen haben seit eh und je im Laufe ihrer fast zweitausendjährigen Geschichte mehr miteinander gestritten als miteinander diskutiert, mehr aufeinander eingeschlagen als aufeinander gehört. Der erste wirklich große Streit, der gleich mit dem Ende der Verfolgung die gesamte Christenheit erfaßte und erschütterte, war der Streit um das wahre Wesen des Christus, des Sohnes Gottes. Er entstand im Gefolge der Lehre des alexandrinischen Priesters Arius, eines wortgewaltigen Predigers und begnadeten Dichters von großer menschlicher Anziehungskraft. Der gelehrte Kirchenvater Hieronymus bemerkte damals resigniert: *Der Erdkreis seufzte und wunderte sich, daß er arianisch geworden war.* Es waren damals aber nicht nur ein paar gelehrte Theologen, die sich über die Gottheit Christi in die Haare gerieten. Das ganze christliche Volk nahm Anteil an diesem Streit, und so berichtet ein anderer Kirchenvater, Erzbischof Basilius von Cäsarea in Kappadozien:

Diese Stadt (Konstantinopel) steckt voller Handwerker und Sklaven, von denen jeder ein tiefer Philosoph ist und in den Werkstätten wie auf der Straße predigt. Wenn du bei einem Mann ein Silberstück wechseln willst, so setzt er dir auseinander, worin sich der Vater vom Sohn unterscheidet; fragst du nach dem Preis eines Brotlaibes, ... dann bekommst du zu hören, daß der Sohn weniger sei als der Vater; und wenn du dich erkundigst, ob dein Bad bereit sei, erhältst du zur Antwort, der Sohn sei aus dem Nichts erschaffen. (In: Wilhelm Brüggeboes, *Geschichte der Kirche* I, 42)

Ein solcher Befund möchte einen zunächst wohl freudig stimmen – angesichts der Uninteressiertheit und Teilnahmslosigkeit vieler heutiger Christen. Was aber in Wirklichkeit dahintersteckte, hat Walter Nigg einmal vor Jahren in seinem *großen Buch der Ketzer* (Artemis Verlag Zürich) so formuliert:

Da in [der arianischen] *Auseinandersetzung die Christusfrage im Mittelpunkt stand, mußte der Streit immer größere Dimensionen annehmen. Nicht nur die ... Bischöfe wurden hineingezogen, sondern auch die christlichen Massen dadurch in Harnisch gebracht. Bald gab es keine Stadt und kein Dorf mehr, in denen nicht über das Verhältnis von Gott und Christus gestritten wurde. Familienmitglieder gerieten darob in gegenseitige Verbitterung, und in der Öffentlichkeit kam es zu förmlichen Tumultszenen. Die Christen verprügelten sich gegenseitig um der Gottheit Christi willen auf der Straße. Sie scheuten sich nicht, sich gegenseitig zu schädi-*

gen, und brachten durch dieses häßliche Verhalten das Christentum bei den Heiden in Verruf, welche diese Vorfälle in ihren Theatern lächerlich machten. Kaiser Konstantin sah sich genötigt, sich des Streites anzunehmen, obwohl er ihm höchst unnütz erschien ... und darum berief er zur Schlichtung des Streites eine Kirchenversammlung ein. (A.a.O. 132)

Das war das berühmte Konzil von Nizäa im Jahre 325. Walter Nigg berichtet darüber nach den Quellen:

[Das Konzil] *war die erste triumphale Schaustellung der Kirche, welche auf alle jene Menschen Eindruck machen mußte, die gerne Bischöfe im Ornat sehen und ein imposantes Gepränge lieben. Mit realistischem Blick betrachtet, büßt das erste ökumenische Konzil jedoch viel von den schönen Farben ein, mit denen es überstrichen worden* [ist], *und der falsche Flitterglanz verblaßt bei genauerem Zusehen sichtlich ... Wie bei allen Konzilsversammlungen spielte das Organisatorische eine große Rolle, und es drängten sich die Wichtigtuer in den Vordergrund. Kam es doch vor, daß bei der Beratung des Konzils oft alle Teilnehmer auf wilde Art durcheinanderschrien und nicht viel von ihrer bischöflichen Würde bewahrten. Die Konzilsväter waren weder auf gegenseitiges Verstehen noch auf Wahrung der christlichen Brüderlichkeit bedacht. Es ging ihnen vielmehr um die Erringung einer Machtposition, die noch immer jeder sachlichen Diskussion abträglich gewesen ist.* (A.a.O. 133)

Die Beispiele aus der frühen Kirche ließen sich unschwer um eine Fülle weiterer aus allen Zeiten der Kirchengeschichte vermehren. Die Christen – oben und unten in der Kirche Jesu – taten sich seit eh und je schwer mit der Fähigkeit zum Dialog, und sie tun sich noch immer schwer, obwohl sie doch Schüler Jesu sein sollten und es wohl auch sein wollen, Schüler eben jenes Jesus, der unvoreingenommen, bereit und offen, weder doktrinär noch autoritär mit jenem Rabbi über die wohl brennendste aller Fragen damals diskutiert hat, welches denn nun das größte Gebot und die wichtigste von allen religiösen Verpflichtungen sei. Jesus wußte die Antwort, und der Rabbi wußte die Antwort, und wir sollten sie uns hier vielleicht auch noch einmal zu Gemüte führen:

Du sollst den Herrn, deinen Gott, lieben mit ganzem Herzen, mit ganzer Seele und mit all deinen Gedanken. Das ist das wichtigste und erste Gebot.

Ebenso wichtig ist das zweite: Du sollst deinen Nächsten lieben wie dich selbst. (Mt 22,37–39)

Der Münchener Theologe Eugen Biser hat im Sommer 1990 bei einer internationalen Tagung in Salzburg mehr Dialog in unserer Kirche gefordert. Die Wochenzeitschrift *Christ in der Gegenwart* referierte damals seine Gedanken:

Trotz des vom Zweiten Vatikanischen Konzil eingeführten Dialog-Prinzips bestehe noch immer ein Mangel an Kommunikation in der Kirche. Grund dafür sei, daß zu der Autorität, die ihr Wort »von oben« spreche, kein entsprechendes Gegengewicht gefunden worden sei. Der übergewichtigen Außenlenkung in der Kirche stehe das Bedürfnis der Menschen nach Selbstbestimmung gegenüber ... Das Prinzip des Dialogs sei deshalb von wesentlicher Bedeutung, weil es Jesus selbst in seinem Leben und Wirken begründet habe. (CiG 42 [32/1990] 258)

Wenn gewisse Kirchenfürsten im Hinblick auf ihre Dialogfähigkeit heute eher unterentwickelt wirken und wenn sie dem autoritär auftretenden Jesus unseres Evangelisten Mattäus fast aufs Haar zu gleichen scheinen, dann mag es uns nicht wenig trösten, wenn uns der Vergleich dieser Mattäusgeschichte mit den abweichenden, anderen Fassungen in den anderen Evangelienbüchern doch auch einen anderen Jesus zeigt. Nicht Jesus, sondern der Prediger und Kirchenmann Mattäus hat es also offensichtlich an Dialogfähigkeit fehlen lassen. Und so ist denn auch das Gegengewicht zur Autorität von oben, von dem der Theologe Professor Biser spricht und das er in der heutigen Kirche vermißt und darum für das Zusammenleben der Christen einfordert – weiß Gott nicht der Streit und erst recht keine der Autorität von oben jetzt von unten entgegengesetzte Antiautorität. Es ist vielmehr allein die von Jesus vorgelebte Dialogbereitschaft; es ist, um es wie er in seiner Antwort biblisch auszudrücken, allein die Liebe. Ja, es ist auch unter Christen eine Kunst, miteinander zu sprechen und zugleich einander zu verstehen. Es ist eine Kunst, die Liebende verstehen und die auch in der Kirche Jesu nur der Liebe gelingt.

FUNDAMENTALISMUS

Wogen der Herrschaft aus Rom

Kirche kontra Gemeinde Jesu?

Markus 10,42–45

Jesus rief seine Schüler zu sich und sagte: Ihr seid euch doch bewußt, daß die sogenannten Machthaber ihr Volk mit der Knute niederhalten und daß die Großen ihre Herrschaft mißbrauchen. Nie und nimmer darf das bei euch so sein! Bei euch soll nur der etwas gelten, der sich für andere verausgabt. Bei euch darf nur der an die Spitze, der jede Drecksarbeit tut. Ich selbst lasse mich doch auch nicht bedienen. Ich sehe mein Leben als Dienst für die Menschen und bezahle mit ihm für sie alle. (Eigene Übertragung)

Vor Jahren habe ich mir einmal die Übersetzung des Neuen Testaments von Ludwig Albrecht gekauft. Albrecht war ein evangelischer Theologe. Er ist heute kaum noch bekannt. 1920 war seine Übersetzung des Neuen Testaments zum ersten Mal erschienen. Sie trug auf dem Titelblatt den Vermerk: *in die Sprache der Gegenwart übersetzt und kurz erläutert*. Als ich das Buch damals aufschlug, fiel mir ein roter Zettel entgegen. Darauf stand:

Zur freudlichen Beachtung! Auf Veranlassung der Albrecht-Erben geben wir nachstehend die irrtümlicherweise von uns in der achten Auflage nicht berichtigten Stellen in der Fassung der fünften Auflage wieder. Der Verlag.

Was war da geschehen: Nach dem Tode des Übersetzers hatte der evangelische Bibelverlag eigenmächtig am Text des Buches Änderungen vorgenommen, die er jetzt auf den Protest der Erben hin wieder rückgängig machen mußte. Kinkerlitzchen, mag einer denken. O nein! Es ging nicht um Kinkerlitzchen; es ging um ganz spezifische Begriffe – um Begriffe, in denen sich evangelische Bibeln von katholischen Bibeln damals unterschieden – damals noch unterscheiden mußten! So hatte der evangelische Bibelverlag, um seinen treuen evangelischen Schäfchen und Lesern die Lektüre auch dieser Übersetzung in jeder Weise schmackhaft zu machen, einen, wie es dem frommen Leser scheinen mochte, typisch »katholischen« Begriff mutig geändert, ja, sogar einen ganzen Abschnitt einfach weggelassen, in dem Ludwig Albrecht, der Übersetzer, seine Art der Übersetzung erläutert und verteidigt hatte. Der Absatz lautete:

Man hat mich aufgefordert, das Wort »Kirche« zu streichen und dafür überall »Gemeinde« zu setzen. Aber dazu habe ich mich nicht entschließen können. Denn ich unterscheide zwischen »Kirche« und »Gemeinde«. Die »Kirche« ist nach der Lehre des Neuen Testaments die Gesamtheit *aller Gläubigen und Getauften, die einzelne »Gemeinde« dagegen ist nur ein* Teil *dieser Gesamtheit. Darum rede ich von der »Kirche« Gottes, aber von der »Gemeinde« in Jerusalem, in Philippi, in Thessalonich, in Korinth.* (Verlagsbeilage)

Was heute für die Verständigen in beiden Konfessionen kein Problem mehr ist, das war es damals sehr wohl. *Kirche,* das klang für stramme Protestanten seinerzeit viel zu »katholisch«; das klang erst recht in der Bibel wie eine Vorwegnahme der mächtigen römischen Einheitsorganisation, die Protestanten seit jeher zwar staunend, mitunter sogar neidvoll, bewundert haben, die sie aber gleichwohl als nicht schriftgemäß verwerfen mußten. Mittlerweile sind wir uns alle wohl darin einig: Es war nicht die Schrift, die damalige evangelische Leser über die *Kirche* im Bibeltext stolpern ließ; es war ihr eigenes dogmatisches Vorverständnis, ihr Vorurteil, das sie die Schrift nicht mehr unbefangen lesen ließ. Bei uns Katholiken war es nicht viel besser. *Kirche,* das war ja bei uns – und noch bis zum letzten Konzil – ausschließlich die Oberkirche, die Organisation, das Management, die römische Verwaltung, die kuriale Bürokratie mit dem Papst als oberstem Souverän an der Spitze und mit Bischöfen, die in dieser Sicht nicht mehr als kuriale Angestellte, als lokale Statthalter und ausführende Organe der eigentlichen päpstlichen Regierung waren. In dieser *Kirche* gab es zwar auch noch christliche *Gemeinden* – Pfarrgemeinden –, aber sie waren allesamt nur die kleinsten, die untersten Verwaltungseinheiten, in denen die von der *Kirche,* das heißt von den oberen Instanzen, verordnete Seelsorge betrieben werden mußte. Eine theologische Bedeutung, eine christliche Eigenwertigkeit kam diesen Gemeinden von Christen in diesem System nicht zu.

Das vergangene Konzil hat hier nach mehr als tausend Jahren einer ebenso beklagenswerten wie gefährlichen Fehlentwicklung die Weichen wieder anders gestellt. Auch in der katholischen Kirche wird der Zug wieder mehr und mehr auf das biblische Gleis geleitet, und das heißt: Die Kirche fährt mehr und mehr wieder auf den Geleisen, die ihr Urheber selbst einst gelegt hat, und diese Geleise heißen Brüderlichkeit und Geschwisterlichkeit. Auch die kleinste Gemeinde ist daher *Kirche,* und ebenso kann und darf auch die große Kirche, die Gesamtkirche, nichts anderes sein als eine *Gemeinde* Jesu. Kirche und Gemeinde erscheinen nicht länger als Gegensätze. Die Kirche ist eine Gemeinde, oder sie ist nicht die Kirche Jesu. Die Kirche ist keine weltliche Größe, in der nach Art dieser Welt geherrscht und gehorcht würde. Unser Jesuswort im »Urevangelium« des Markus, wie es diesem Kapitel vorangestellt ist, darf allein die Marschrichtung angeben.

Wir sind indes immer noch sehr weit, allzuweit vom Ideal dieses Jesus in unserer Kirche entfernt. Dieses Ideal – das, was Kirche sein soll – ist derzeit sogar aufs neue bedroht und herausgefordert. Eine Woge der Herrschaft geht von der römischen Zentrale aus. Unsere Theologen sind wieder die ersten, die es zu spüren bekommen. Man kann dieser Woge der Herrschaft nur standhalten, wenn man weiß, daß Jesus, der einzige Herr und das alleinige Oberhaupt der Kirche, total andere Geleise gelegt hat. Diese Geleise sind vielerorts noch immer zugewachsen. Sie müssen darum freigelegt und auch wieder befahren werden. Von Jesus kommt die Kirche her, und zu Jesus ist sie als seine Gemeinde unterwegs. Tausend Jahre Umwege mit Bischöfen als Landesfürsten und mit Päpsten als mächtigen Herrschern und wie alle Fürsten dieser Welt verstrickt in tausend Händel und Kriege, in Gewalt und Intrigen – das alles läßt sich nicht in ein paar Jahrzehnten in Ordnung bringen. Ein vergleichsweise harmloses Beispiel aus jüngster Zeit für die Zähigkeit feudal-herrschaftlicher Traditionen in der römischen Kirche liefert die päpstliche Bulle vom 18. Dezember 1991 zur Ernennung des neuen Bischofs von Essen, Dr. Hubert Luthe. In ihr heißt es unter anderem:

Wir glaubten, ohne Aufschub einen anderen Hirten schicken zu müssen … Wir sind dabei auf dich gekommen, Ehrwürdiger Bruder, da Wir in dir jemand vorfanden, der bereits gut in die Bischofsgeschäfte eingearbeitet war und der zugleich die dafür nötige Tüchtigkeit sein eigen nennt. Gestützt auf Unsere Apostolische Macht und gemäß den rechtlichen Vereinbarungen … schicken Wir dich als Bischof und Hirten zu der Kirche von Essen … Zu guter Letzt, Ehrwürdiger Bruder, bleibt Uns nur noch die öffentliche Kundgabe Unseres Wohlwollens, indem Wir dir diese ausersehene Herde anvertrauen. (Übersetzt aus dem lateinischen Original im *Kirchlichen Amtsblatt für das Bistum Essen* 35 [3/20. 2. 1992] 17)

Wir glaubten … Wir sind auf dich gekommen … Wir fanden vor … Wir schicken dich … Wir geben Unser Wohlwollen kund … Wir vertrauen dir an – und all das *gestützt auf Unsere Apostolische Macht* … Die Wahl durch das Domkapitel – ob man sie nun *gemäß den rechtlichen Vereinbarungen* und nach der vorausgegangenen mehr oder minder gewaltsamen Kölner Bischofsbestellung diesmal nicht erneut ignorieren konnte oder wollte –, sie wird dann doch wenigstens in dieser Ernennungsurkunde amtlich ignoriert. Der barocke Schwulst eines solchen Dokuments läßt höchstens ein paar Liebhaber des Lateins in helles Entzücken ausbrechen, im übrigen wird es unsere an nüchterne Sachlichkeit gewohnten Zeitgenossen ziemlich kalt lassen. Dennoch dreschen alle diese Phrasen und Floskeln keineswegs leeres Stroh. Sie kaschieren vielmehr nur den harten Kern, um den der Kundige ohnehin weiß: den absoluten Machtanspruch der römischen Kirchenzentrale. Demgegenüber steht das Wort Jesu: *Nie und nimmer darf das bei euch so sein!* Ja, so hat er laut Markus die Marschrichtung für seine Kirche angegeben. Darum, und nur darum darf die Kirche nicht so bleiben, wie sie immer noch ist! Sie muß die Menschen an sich ziehen und darf sie nicht abstoßen – oder auch nur so sehr abschrecken, daß allein in der Bundesrepublik in jedem Jahr neu 70- bis 80 000 mit ihren

Füßen abstimmen und die Kirche verlassen. Sie verlassen eine Kirche, die nach wie vor eine machtvolle Organisation darstellt und die auch weiter über einen gewaltigen finanziellen Rückhalt verfügt. Letzteres gilt zumindest für die westdeutschen Diözesen, und so erklärte ja auch der Kölner Generalvikar Feldhoff auf der Tagung des Priesterrats im November 1990 »zur derzeitigen Finanzlage« des Erzbistums lapidar: *Ohne Umschweife sage ich: sie ist gut* (Tagungsbericht, 27).
Die deutsche Kirche, die finanziell seit langem nur noch schwarze Zahlen schreibt, gerät pastoral immer tiefer in die roten. Wem wird man einmal den durchaus nicht mehr nur schleichenden, sondern streckenweise bereits galoppierenden Bankrott zurechnen dürfen? Viele in den oberen Rängen haben die Schuldigen bereits gefunden: die Öffentlichkeit, die Medien, bei denen man gar unverhohlene Feindschaft diagnostiziert haben will ... Mir macht das so leicht keiner weis. Denn ich erinnere mich noch zu gut an die Öffentlichkeit und an die Medien zur Zeit des guten Papstes Johannes XXIII. und während des Zweiten Vatikanischen Konzils. Von Mißtrauen, geschweige von Feindschaft gegen die Kirche keine Spur! Im Gegenteil: Interesse und Sympathie, Neugierde und Wohlwollen, Anteilnahme und Aufgeschlossenheit! Und die Welt hielt geradezu den Atem an, als dieser Papst dann im Sterben lag. Nicht die Öffentlichkeit, nicht die Medien haben sich gewandelt. Die Kirche ist eine andere geworden; die Hoffnung des Aufbruchs ist verblaßt. Die alten Kader, die nie ausgewechselt wurden, haben wieder die Oberhand gewonnen. Man hat die Menschen in der Kirche auf weite Strecken um die Hoffnung des Konzils betrogen. Hätten all diese Menschen, die jetzt gehen, je in dieser Kirche die Gemeinde Jesu erfahren, ich bin sicher, daß sie blieben. Ein viel zitiertes Jesuswort bei Mattäus lautet:

Kommt alle zu mir, die ihr es schwer habt im Leben, die ihr euer Päckchen zu tragen habt. Bei mir kommt ihr zur Ruhe ... Von mir könnt ihr auch lernen ... Was ich euch auferlege, ist kein drückendes Joch; meine Last läßt sich tragen. (11, 28–30)

Wer würde denn auch einem, der ihm solches verspricht und dem er vertraut, daß er sein Versprechen auch halten wird, so mir nichts, dir nichts davonlaufen? Es ist noch nicht allzulange her, da hat der Bamberger Neutestamentler, Professor Paul Hoffmann, in *Bibel und Kirche,* dem Organ des Katholischen Bibelwerks, geschrieben:

Es ist für die Kirche notwendig, wollen wir [*wir,* sagt Hoffmann! *Wir* sind die Kirche!] *unsere christliche Identität nicht verlieren, daß wir uns immer wieder, vor allem aber in Zeiten der Krise und des Umbruchs, unserer Herkunft bei Jesus von Nazaret vergewissern.*

Das heißt, wie es oben formuliert wurde: Wir müssen immer wieder prüfen, ob wir noch auf *seinen* Geleisen fahren. Im Hinblick auf das, was in der Vergangenheit in der Kirche und aus der Kirche geworden ist, fährt Hoffmann dann fort:

Das, was geworden ist, muß sich messen lassen an dem, womit »wir« Christen einmal angetreten sind. Der Blick zurück läßt uns zugleich erkennen, daß das Gewordene das Ergebnis eines komplexen Prozesses ist, in dem das jesuanische Erbe unter den Herausforderungen der historischen Situationen und ausgesetzt dem Einfluß des jeweiligen soziokulturellen Milieus in der Kirche seine je neue historische Gestalt fand. (BiKi 45 [2/1990] 72)

Mit anderen Worten: Keine Gestalt der Kirche – weder die ständische des Mittelalters, die bis in die Gegenwart hinein unselig fortwirkt, noch auch die heutige päpstlich-absolutistische – ist bereits die endgültige Kirche Jesu Christi. Vieles in dieser Kirche war in der Vergangenheit ein Zerrbild und droht, weiter ein Zerrbild der Gemeinde Jesu zu sein. Indem wir uns als Christen, das heißt als Schüler Jesu, darauf besinnen, daß nicht die Organisation, nicht das Amt, nicht Herrschaft und Gehorsam die Kennzeichen einer Kirche Jesu sind, und indem wir uns als Christen, als Schüler Jesu, bemühen, selbst im Sinne Jesu miteinander zu leben, im Geiste Jesu miteinander umzugehen, geben wir auch als Gemeinde und als jeweilige Kirche Jesu vor Ort ein Zeichen der Hoffnung. Wer dieses unser Zeichen sieht, der möge darum doch

– trotz allem! – *nicht* die gegenwärtige »Organisation« Kirche verlassen! Er möge uns alle aber auch beim Wort nehmen. Er möge vor allem jedoch mit uns zusammen wirklich *Kirche,* das heißt *Gemeinde* Jesu sein!

Des Apostels Fluch

»Exkommuniziert die Exkommunikateure!«

GALATER 1,1–2.6–10

Paulus, zum Apostel berufen, nicht von Menschen oder durch einen Menschen, sondern durch Jesus Christus und durch Gott, den Vater, der ihn von den Toten auferweckt hat, und alle Brüder, die bei mir sind, an die Gemeinden in Galatien.
Ich bin erstaunt, daß ihr euch so schnell von dem abwendet, der euch durch die Gnade Christi berufen hat, und daß ihr euch einem anderen Evangelium zuwendet. Doch es gibt kein anderes Evangelium, es gibt nur einige Leute, die euch verwirren und die das Evangelium Christi verfälschen wollen. Wer euch aber ein anderes Evangelium verkündigt, als wir euch verkündigt haben, der sei verflucht, auch wenn wir selbst es wären oder ein Engel vom Himmel. Was ich gesagt habe, das sage ich noch einmal: Wer euch ein anderes Evangelium verkündigt, als ihr angenommen habt, der sei verflucht.
Geht es mir denn um die Zustimmung der Menschen, oder geht es mir um Gott? Suche ich etwa Menschen zu gefallen? Wollte ich noch den Menschen gefallen, dann wäre ich kein Knecht Christi.

Man stelle sich einmal vor, ein Pfarrer läse seiner Gemeinde zu Beginn der Fastenzeit den vielerorts noch üblichen Fastenhirtenbrief des Diözesanbischofs vor und der begänne dann etwa so:

Liebe Christen in unserem Bistum, als euer Bischof muß ich schon sagen: Ihr gefallt mir, ihr katholischen Wechselwähler! Was ist denn auf einmal in euch gefahren? Letztes Jahr habt ihr noch die Fahnen herausgehängt, als ich zur Firmung bei euch war. Jetzt aber kennt ihr anscheinend euren Bischof nicht mehr und rennt hinter dem Lefebvre und seinem fanatischen Anhang her. Das sind doch Spinner! Die setzen euch doch nur einen Floh ins Ohr! Diese verfluchte Bande! Die tun so, als hätten sie – und sie allein – den richtigen Glauben. Aber ich sage es euch noch einmal: Auch wenn sie sich als fromme Engel geben, sie sind eine verfluchte Bande! Ihr könnt jetzt denken, was ihr wollt. Ich schmiere euch keinen Brei um den Mund. Sonst wäre ich ja ein schöner Bischof der Kirche Christi!

Bei einem solchen Hirtenwort würde kein Auge trocken bleiben, würde vor allem aber niemand in der Kirche einschlafen. Indes, solche amtlichen Donnerworte sind in unserer Kirche schon lange nicht mehr üblich. Das heißt jedoch nicht, daß es in der Kirche keine Gegensätze, keine Parteien und keine Richtungen mehr gäbe. Ja, man muß denen sogar recht geben, die sagen, daß es heute eine Art neuer und noch härterer Konfessionsgrenzen gebe als die, die die Christen noch von früher her trennen. Es sind Grenzen von Grundhaltungen, von Einstellungen und Gesinnungen, die quer durch alle Kirchen hindurchgehen und an denen oft mit Haß und Erbitterung gekämpft wird.
Da gibt es zum Beispiel ein Blättchen, das sich anspruchsvoll *Theologisches* nennt und das als Beilage zu einem im Bistum Regensburg erscheinenden Anzeigenblatt allmonatlich kostenlos an alle Pfarrer in Deutschland verteilt wird. Dieses Blättchen wurde ins Leben gerufen von einem Paderborner Dorfpfarrer namens Wilhelm Schamoni und wird derzeit herausgegeben von dem Kölner Seminarprofessor Monsignore Dr. Johannes Bökmann. Zu seinen Mitarbeitern gehört ein begrenzter Kreis von Autoren, die im nachkonziliaren Aufbruch unserer Kirche mehr Gefahren als Chancen sehen und die sich darum auch auf die Theologen dieses Aufbruchs hart und unerbittlich und nicht selten auch ehrenrührig eingeschossen haben. Selbst der augenblickliche Papst geriet in das Fadenkreuz dieser Glaubenswächter, als er es gewagt hatte, am 27. Oktober 1986 gemeinsam mit den Vertretern der Weltreligionen in Assisi für den Frieden zu beten. Die Probleme der Sexualität und der Sittenverderbnis spielen in diesem Blatt – wie sollte es anders sein? – eine besondere Rolle.
Diese kostenlose *Beilage der »Offerten-Zeitung für die katholische Geistlichkeit Deutschlands«* ist aber vor allem darum gefährlich, weil viele Pfarrer, die im Streß ihrer täglichen Arbeit oder auch im wachsenden Abstand zu ihrer Studienzeit kein theologisches Buch mehr aufschlagen, ausgerechnet in diesem Blatt – es nennt sich ja *Theologisches* – eine Art theologischen Schnellimbiß zu sehen scheinen. Unermüdlich hat uns in der Zeit des Studiums einer unserer theologischen Lehrer – es war der Bonner Professor für Moraltheologie Werner Schöllgen – die Notwendigkeit steter theologischer

Weiterbildung vor Augen gehalten. Einige seiner oft drastischen, aphorismenartigen Anmerkungen zu diesem Thema möchte ich nach meinen noch vorhandenen Vorlesungsnotizen zitieren. Wir Studenten haben die kernigen Sätze unseres Lehrers damals zwar vergnügt und oft sogar genüßlich zur Kenntnis genommen, ihre Weisheit und Realitätsnähe zu begreifen blieb aber doch der eigenen Lebenserfahrung und somit in der Regel einer späteren Lebensperiode vorbehalten. Schöllgen leitete seine Maximen meist mit der stereotypen Formel ein: *Wollen Sie sich bitte merken, meine Herren!* Und danach kam's dann:

Nach psychologischen Gesetzen haften nach Verdampfen der Examenskenntnisse meist nur noch Kindheitserinnerungen, und die, auf die Kanzel gebracht, können den Anschein erwecken, als bestände die christliche Moral nur aus der sexuellen Aufklärung in Kinderstube und Kindergarten.
Prinzipienlosigkeit führt leicht zur rabies theologica [wörtlich: zur theologischen Raserei], *die mit Abnahme der theologischen Bildung zu wachsen pflegt. Sie zeigt sich insbesondere auf den Konveniats.*

Mit Konveniats sind gesellige Zusammenkünfte der Geistlichen auf Pfarr- oder Dekanatsebene gemeint. Früher, zu Zeiten der »Priesterschwemme« und trotz des geringeren Motorisierungsgrades, traf man sich weit häufiger als heute. Aber noch einmal unser weiser und lebenserfahrene Lehrer:

Wenn Sie später als Pfarrer kein theologisches Buch mehr lesen, dann gehen Sie am besten zu den Heiden nach Afrika und sterben dort den Märtyrertod. Für Ihre Gemeinde ist das jedenfalls besser!
Es ist kein Fortschritt, wenn in manchen Kreisen des Katholizismus und zumal im Klerus das Ethos »unbedingter Gläubigkeit« das Ethos der Wahrhaftigkeit zu ersetzen scheint. Blinder Autoritätsglaube ist gefährlich, besonders wenn aus ihm das abgeschmackte Geschimpfe gegen den »bösen und glaubensfeindlichen Charakter« der Wissenschaften resultiert.

Die Zitate mögen das Problem beleuchten, um das es geht: Auch in Kreisen des Klerus fehlt es oft an der Fähigkeit zur Unterscheidung der Geister. Dabei ist es gar nicht so schwer, die Geister zu erkennen. Paulus ist es jedenfalls nicht schwergefallen. Wer hetzt und schürt, intrigiert und fanatisiert, verleumdet und vergiftet – der hat nicht den Geist Jesu. Fragen darf man doch, ob man solches etwa einem Hans Küng vorwerfen darf, um nur einen der lange Zeit unter Dauerbeschuß liegenden Theologen zu nennen? In einer Diskussionsrunde sagte mir einmal ein junger Mann, wegen Hans Küng sei doch wohl noch niemand aus der Kirche ausgetreten. Man kann in der Tat nur dankbar feststellen, daß es so ist. Auch mir ist keiner der als »progressiv« Verschrieenen bekannt, der jemals Anlaß, geschweige denn Anstoß zu einem solchen Schritt gegeben hätte. Zur beklagenswerten Unfähigkeit, die Geister zu unterscheiden, kommt freilich auf seiten der als *Zerstörer des Glaubens*, als *Irrlehrer* oder gar als *Verräter* und *Verführer* Beschimpften und immer wieder Attackierten auch eine gewisse Vornehmheit und, wie ich meine, oft auch eine übertriebene Zurückhaltung. Ich selbst würde wahrscheinlich viel eher mit dem Temperament des Apostel Paulus lospoltern: *Hol' sie der Teufel, diese verfluchte Bande!*

Ja, der Apostel Paulus hat am Anfang seines Hirtenbriefes an die Gemeinden in Galatien überaus kräftig geflucht. Wir können es ja alle nachlesen: *Es gibt kein anderes Evangelium, als das, was* ich *euch gepredigt habe. Da seid ihr nun an ein paar Leute geraten, die euch verwirren ...* Ach, diese verharmlosende, freundlich dahinplätschernde Bibelsprache! Dieser sanfte Jargon unserer Mönche und Prälaten! Die euch »verwirren«? Die euch an der Nase herumführen! Die das Evangelium Christi – bloß »verfälschen«? Nein, die den christlichen Glauben auf den Kopf stellen! Wer das tut, der sei verflucht? Ja, diesen verdammten Kerlen wünscht der Apostel die Pest an den Hals! Und als rechne Paulus selbst bei den Empfängern seines Briefes mit einem ungläubigen Kopfschütteln wegen dieser wohl auch damals unter Christen nicht allgemein üblichen und heftigen Sprache, wiederholt er noch einmal das Gesagte, ja, er dreht noch etwas stärker auf: *Und wenn dieser verdammte Bursche ein Engel vom Himmel wäre,* geschweige denn ein Monsignore oder Professor, *ich verfluche jeden, der euch etwas anderes beizubringen versucht, als ihr es bei mir gehört habt.*

Nun muß sich aber auch ein Apostel Paulus am Wort seines Herrn und Meisters messen lassen. Denn hatte Jesus seine Schüler nicht doch etwas anderes gelehrt? Lukas überliefert als Wort Jesu: *Segnet die, die euch verfluchen!* (6,28). Und in seinem Brief an die römische Gemeinde erteilt auch Paulus keinen anderen Rat, wenn er schreibt: *Segnet eure Verfolger; segnet sie, verflucht sie nicht!* (12,14). Und was Paulus den anderen anbefohlen hat, das scheint er auch für sich selbst als verbindlich angesehen zu haben. Im ersten Korintherbrief steht seine Schilderung des Apostelamtes: *Ich glaube, Gott hat uns Apostel ganz hintangestellt ... Oft genug sind wir die Dummen ... Wir plagen uns ab und schuften mit eigenen Händen für unseren Lebensunterhalt; wir werden beschimpft und – wir segnen ...* (4,9–12). Es paßt also anscheinend gar nicht zum Apostel, daß er dann im Brief nach Galatien – und dazu gleich am Anfang – so furchtbar loslegt. Vielleicht verstehen wir jedoch seine Erregung, wenn wir wissen, gegen wen sie sich richtet.

Der Apostel hat nach allem, was wir wissen, Galatien, eine römische Provinz im zentralen Kleinasien, zweimal bereist. Er hat sich dort wohl längere Zeit aufgehalten und scheint auch sehr erfolgreich unter der heidnischen Bevölkerung missioniert zu haben. Ja, es scheint zu einer herzlichen Verbundenheit zwischen ihm und den neu gegründeten Gemeinden gekommen zu sein, besonders, nachdem er in Galatien schwer krank geworden und von den Galatern mit großer Hingabe gepflegt worden war (4,13–15). Vielleicht ist von daher auch seine Enttäuschung besonders groß gewesen, als er erfuhr, daß auf einmal eine andere Sorte von Missionaren sich in den von ihm gegründeten Gemeinden breitmachte und anscheinend auch Beachtung fand. Diese Leute wußten alles besser als Paulus. Sie wußten vor allem, daß man nur dann richtig Christ sein konnte, wenn man auch noch alle die jüdischen Gesetze beobachtete, die Sabbatvorschriften, die Speiseverbote und nicht zuletzt auch die in der Tora des Mose vorgeschriebene rituelle Beschneidung. Diese Leute verurteilten also die galatischen Christen; sie sprachen ihnen das volle und richtige Christsein ab. Sie warfen sich zu unfehlbaren Richtern über andere Christen auf. Sie gerierten sich als solche, die allein den rechten Glauben an Jesus Christus

hatten. Und genau das war es, was den Apostel so explodieren, was ihn aus der Haut fahren, was ihn diese frommen Superchristen so massiv verfluchen ließ.
Und hier trifft sich die Haltung des Apostels dann durchaus mit der Haltung seines Meisters. Ist Jesus denn jemals hart mit der menschlichen Schwäche ins Gericht gegangen, wie es die Frommen damals taten und wie es gewisse fromme Kreise auch heute noch tun? Sein ganzes Evangelium war doch gerade frohe Botschaft für die, die sich versündigt hatten. Jesus hatte schon klare Maßstäbe. Anders, als heute vielfach üblich, hat er Sünde noch Sünde genannt, und seine Weisung an die Ehebrecherin damals lautete durchaus eindeutig: *Geh, versündige dich nicht mehr!* (Joh 8,11), das heißt: Zerstöre nicht noch einmal deine oder eine fremde Ehe! Aber darüber hinaus war Jesus milde, freundlich, mitfühlend, gütig, ja, herzlich zu den Menschen. Nur gegen eine Sorte von Menschen war Jesus hart – unbarmherzig hart: gegen die, die hart gegen andere waren, hart und unbarmherzig in ihrem Urteil über andere und hart und unnachgiebig, wenn es um das Verzeihen, um das Bereinigen einer Schuld ging. Denken wir an die Geschichte vom unbarmherzigen Knecht, an Jesu Weherufe über die hochmütigen, selbstsicheren Pharisäer, auch an die Vergebungsbitte des Vaterunsers, das ja von ihm, weniger der Form als der geistigen Grundhaltung wegen, als eine Art Mustergebet für seine Schüler gedacht war.
Der Apostel hat seinen Meister verstanden. Er hat sich auch die Maßstäbe Jesu zu eigen gemacht. Und ich meine, auch wir hätten hier die Maßstäbe im Zwiespalt und Widerstreit der Meinungen und inmitten der Spannungen und Gegensätze, von denen unsere Kirche derzeit heimgesucht wird. Seien wir milde und geduldig mit aller menschlichen Schwachheit und Unvollkommenheit! Seien wir tolerant und verständnisvoll gegenüber jeder anderen ehrlich vertretenen Meinung und Überzeugung! Segnen wir auch, solange nur uns selber geflucht wird! Aber seien wir auch hart und unerbittlich gegenüber jener Hartherzigkeit, die andere verurteilt – ohne Güte und ohne Erbarmen! Die anderen den Glauben abspricht und die ihr Christsein verdächtigt! Die andere aus der Kirche ausschließen möchte! Die andere verdammt und abstem-

pelt und die sie – in welcher Form auch immer – exkommuniziert!

Von Karl Marx, dem Urvater von Sozialismus und Kommunismus, stammt das Wort: *Expropriiert die Expropriateure!* Das ist bestes revolutionäres Kauderwelsch und heißt übersetzt: Beutet aus, die euch ausbeuten! Ohne daß mir ein solcher Aufruf zum Klassenkampf imponieren könnte, auch wenn solche Töne immer noch auf gewissen Partei- und Gewerkschaftstagen zu hören sind, so möchte ich doch seine Form für einen, wie mir scheint, sehr christlichen Grundsatz nachahmen: *Exkommuniziert die Exkommunikateure!* Jagt die zum Teufel, die andere verteufeln! Legt den Richtern über Glauben und Christsein ihrer Brüder und Schwestern das Handwerk! Wir handeln durchaus im Geiste Jesu, wenn wir uns gegen die zur Wehr setzen, die sein Wort in der Bergpredigt nicht zu kennen scheinen: *Richtet nicht, dann wird Gott auch euch nicht richten; verurteilt nicht, dann wird Gott auch euch nicht verurteilen* (Lk 6,37). Ähnlich unmißverständlich läßt der Evangelist Johannes Jesus zu den Pharisäern sprechen: *Ihr urteilt, wie Menschen urteilen; ich urteile über keinen* (8,15). Und wiederum an anderer Stelle das bekannte Wort zu Nikodemus: *Gott hat seinen Sohn nicht in die Welt gesandt, damit er die Welt richte, sondern daß sie durch ihn gerettet werde* (3,17).

Wir Christen brauchen uns also des fluchenden Apostels Paulus nicht zu schämen. Wenn wir das Evangelium Jesu als eine Botschaft der Liebe verstehen, dann müssen wir es gegen jedes andere Verständnis verteidigen; dann müßten wir es auch gegen jeden verteidigen, und sei es ein Papst oder Bischof, seien es gelehrte Theologen und Professoren, wenn sie an Stelle dieses lebendigen Evangeliums den toten Buchstaben eines Gesetzes zum Maßstab christlichen Lebens und Glaubens machen wollten. Genau das wollte damals aber jene Sorte von Glaubensbringern in Galatien, die sich allein im Besitz der Wahrheit wähnten und die die Verkündigung des Apostels darum für reformbedürftig hielten. Wenn Paulus deshalb gleich zu Beginn seines Briefes an die galatischen Gemeinden in kaum noch zu überbietender Schärfe klarstellt: *Wer euch ein anderes Evangelium verkündet, als ich es euch verkündet habe, der sei verflucht, auch wenn ich eines Tages selbst damit käme oder ein Engel vom Himmel* – dann sollte uns jedenfalls klargeworden sein, daß auch der Fluch des Apostels uns nur in das Zentrum alles Christlichen führen will, und dieses Zentrum ist und bleibt die Liebe zum Nächsten, zum Menschen neben uns.

Gefährliche Jesusworte

Christlicher Mob und der Panzer des Glaubens

Markus 13,9–22

Ihr aber, macht euch darauf gefaßt: Man wird euch um meinetwillen vor die Gerichte bringen, in den Synagogen mißhandeln und vor Statthalter und Könige stellen, damit ihr vor ihnen Zeugnis ablegt. Vor dem Ende aber muß allen Völkern das Evangelium verkündet werden. Und wenn man euch abführt und vor Gericht stellt, dann macht euch nicht im voraus Sorgen, was ihr sagen sollt; sondern was euch in jener Stunde eingegeben wird, das sagt! Denn nicht ihr werdet dann reden, sondern der Heilige Geist. Brüder werden einander dem Tod ausliefern und Väter ihre Kinder, und die Kinder werden sich gegen ihre Eltern auflehnen und sie in den Tod schicken. Und ihr werdet um meines Namens willen von allen gehaßt werden; wer aber bis zum Ende standhaft bleibt, der wird gerettet.

Im Munde Jesu ist von furchtbaren Dingen die Rede. Seine Schüler werden die Opfer sein. Man wird sie verfolgen und wie gemeine Verbrecher behandeln. Schreckliche Einzelheiten werden genannt: Zerstörung bricht in die Familien ein; Geschwister bringen einander den Tod, Eltern ihren Kindern und Kinder ihren Eltern. Damit wird kaum gemeint sein, daß man sich im engsten Familienkreis mit dem Messer an die Kehle fährt, wohl aber, daß der eine den andern ans Messer liefert – durch Denunziation bei der Staatsgewalt. Daß ein Mann seine eigene Frau bespitzelt und denunziert – nach den Erfahrungen im STASI-Staat dürfte uns Ähnliches auch in neutestamentlicher Zeit nicht mehr ganz so unmöglich vorkommen. Ich bin mir aber nicht sicher, ob Jesus schon zu seinen Lebzeiten so detailliert und in Einzelheiten über die Verfolgung seiner Schülergemeinschaft gesprochen hat. Es ist ebenso gut und noch eher möglich, daß die Evangelisten hier ihre eigenen Erfahrungen schildern. Denn als sie ihre Bücher schrieben, waren Verfolgungen der Christen bereits zum festen Bestand der römischen Religionspolitik geworden. Erinnert sei nur an Namen wie Nero und Domitian, beides Bestien auf dem Kaiserthron, wie uns von Zeitgenossen versichert wird. Mögen die

Einzelheiten, die Ausmalung der Details der Verfolgung, aber auch aus der Erfahrung der Evangelisten stammen, ziemlich sicher scheint mir, daß Jesus seine Schüler auf die zu erwartenden Auseinandersetzungen hat vorbereiten wollen. Dafür spricht auch, daß der Evangelist Johannes, der sehr oft aus einem eigenen Überlieferungsstrom schöpft, auch von einem solchen Hinweis Jesu auf die kommende Verfolgung weiß. Bei ihm sagt Jesus: *Wenn sie mich verfolgt haben, werden sie auch euch verfolgen* (15,20).

Ich möchte hier kein Panorama der Christenverfolgungen aufrollen. Man hat bei diesem Thema in der Vergangenheit, in der volkstümlichen Predigt und auch im Religionsunterricht, oft übertrieben, so daß der Eindruck entstehen konnte, der römische Staat habe drei Jahrhunderte lang nichts anderes getan, als die Christen verfolgt. Er habe gleichsam dauernd und ohne Unterlaß und im ganzen riesigen Reichsgebiet Jagd auf die Christen gemacht. So war es aber nicht. Vielmehr lösten sich Zeiten der Verfolgung mit Zeiten der Ruhe ab. Wie hätte sich der christliche Glaube sonst auch ausbreiten können. Bekannt ist zwar das Wort: *Sanguis martyrum semen christianorum – das Blut der Märtyrer ist der Same neuer Christen.* Doch so richtig es auch sein mag, daß heldenhaft bewiesene Standhaftigkeit zu imponieren, ja, zu überzeugen und selbst Gegner zu gewinnen vermag, der normale Anstoß zum Glauben wird nicht der Tod, sondern das Leben der Christen gewesen sein. Die Tatsache als solche bleibt dabei bestehen, daß die Christen in den ersten Jahrhunderten durch eine brutale und diktatorische Staatsmacht immer wieder verfolgt wurden.

Im Zusammenhang mit der Rede Jesu und der Evangelisten von der Verfolgung sollten wir unsere Aufmerksamkeit aber nicht nur auf die Verfolgung der Christen lenken. Die Christen selbst sind nämlich, seit sie durch Kaiser Konstantin die öffentliche Anerkennung gefunden und danach immer mehr auch die Macht im römischen Staat erlangt hatten, keineswegs jetzt mit ihren heidnischen Mitbürgern in einen fairen und edlen Wettstreit um die rechte Religion eingetreten. Sie haben im Gegenteil schon sehr bald nun auch ihrerseits damit begonnen, die Andersdenkenden und Andersglaubenden zu verfolgen, ja, sie nicht nur in vielfältiger Weise zu benachteiligen, sondern sie oftmals regelrecht zu vernichten. Was da alles an Schandtaten von einem fanatisierten christlichen Mob verübt worden ist, mag beispielhaft ein Abschnitt aus dem vielbändigen *Handbuch der Kirchengeschichte* beleuchten, das in den 70er Jahren bei uns erschienen ist. Da schreibt der Bonner Historiker Eugen Ewig unter der Überschrift *Die Christianisierung der Reichsbevölkerung*:

Zu einem blutigen Zusammenstoß zwischen Christen und Heiden Alexandriens, an dem der autoritäre Bischof Theophilos nicht schuldlos war, kam es im Jahre 391 im Anschluß an eine Spottprozession, die Christen mit heidnischen Kultobjekten veranstalteten. Der Kaiser ließ daraufhin den großen Sarapistempel schließen und den Christen übereignen, die ihn zu einer christlichen Kirche umgestalteten ... Das bestürzendste Ereignis in der Auseinandersetzung zwischen Heidentum und Christentum in Ägypten war der Tod der heidnischen Philosophin Hypatheia im Jahre 415, die von einem fanatisierten Mob unter Führung eines Lektors nach schweren Mißhandlungen grausam ermordet wurde. (A.a.O. Bd. II/1, 191)

Wie das im einzelnen zuging, schildert Stefan Andres in seinem aus den historischen Quellen geschöpften Roman *Die Versuchung des Synesios*: Man hat die berühmte und gelehrte Frau in eine öffentliche Bedürfnisanstalt geschleppt und dort mit den beschmutzten Scherben der tönernen Koküebel zu Tode gestochen (29). Etwas weiter heißt es im genannten Handbuch:

Ein unerfreuliches Beispiel mönchischen Missionseifers bietet in der ersten Hälfte des 5. Jahrhunderts der mächtige Abt Schenute, Leiter des Weißen Klosters Atripe bei Akhmîm (Sohag) in Oberägypten. Gegen die dort noch relativ starke heidnische Minderheit hetzte er die Christen in flammender Rede auf, beteiligte sich selbst mit Gruppen seiner Mönche an der Zerstörung ihrer Tempel, der Plünderung ihrer Dörfer und belastete damit die christliche Mission aufs schwerste. (Ebd.)

Die koptischen Christen verehren diesen »unerfreulichen« Eiferer und Tempelschänder jedoch als großen Heiligen. Ihn als Heiligen verehren, das ist jedoch fast dasselbe, als würden wir heute die Nazischläger und Synagogenanzünder von 1938 auf unsere Altäre stellen. Ich sagte: Die koptischen Christen verehren ihn ... Es gibt aber auch in unserem römischen Heiligenkalender noch genug

solcher unchristlichen Fanatiker oder auch »christlichen« Gewalttäter. Wer wird es einmal wagen, sie aus der Liste unserer christlichen Vorbilder, der Heiligen, zu streichen?
Fanatiker, Exkommunizierer Andersdenkender, geistige Tempelanzünder gibt es auch in der gegenwärtigen Kirche zuhauf. Sie tummeln sich ungeniert und immer frecher in einer ausgedehnten katholischen Subkultur. Manche kirchlichen Schriftenstände sind, je nach ihren Betreuern, Brutstätten eines unchristlichen und unerleuchteten Glaubensfanatismus. Was im übrigen da an so manchem Schriftenstand ausliegt, das ist oft eine gar seltsame Mischung von Wundersucht, Teufelsaberglaube, Marienfrömmigkeit, Schriften zur sexuellen Aufklärung und glaubenskämpferische Hetzprodukte. So heterogen eine solche Mischung auf den ersten Blick auch zu sein scheint, hier gibt es tiefere Zusammenhänge. Doch das ist eher ein psychotherapeutisches Thema. *Sagt mir, was ihr in eurer Kirche verkauft, und ich sage euch, wes Geistes Kind ihr seid* ... Es setzt mich immer wieder in Erstaunen, wenn ich sehe, wie ein gewisser Christentypus fast zwanghaft auf gewisse obskure und pseudoreligiöse Phänomene »fliegt«, seien es nun weinende Madonnen, wundersame Rasenkreuze, versiegelte himmlische Botschaften, Höllenvisionen, Marienerscheinungen vor kleinen Mädchen ... Muß man nicht geradezu an das im Munde Jesu überlieferte Sprichwort denken: *Überall wo ein Aas ist, da sammeln sich die Geier* (Mt 24,28; Lk 17,37)? Mit befreiender Offenheit hat Bischof Pavao Zanic von Mostar, der sich seit zehn Jahren mit dem mittlerweile als Schwindel entlarvten Rummel von Medjugorje herumschlagen muß, seinerzeit dazu Stellung genommen:

Hier bei uns in der Herzegowina haben wir etwa 40 Seher. Mit einigen von ihnen habe ich gesprochen. Mit zweien aus Medjugorje, mit anderen aus Izbicno oder aus Cernac, Cerje oder aus anderen Orten. Ich habe das aufgenommen und dann festgestellt, daß es etwa die gleichen Dinge sind wie die Erscheinungen in Medjugorje. Die Priester und Pfarrer jener anderen Pfarreien unterstützten diese Dinge jedoch nicht, und so hörte das bald auf. (La position actuelle [non officielle] du Conseil épiscopal de Mostar au sujet d'événements de Medjugorje, 30. 10. 1984)

Und so hörte das bald auf ... Glücklich die Pfarrgemeinden also, die solch nüchterne Pfarrer haben! Ich darf wohl noch einmal aus der Vorlesung unseres Lehrers in Moraltheologie, des bereits erwähnten Professors Werner Schöllgen, zitieren:

Heute tut mehr denn je gesunde Kost not, droht unsere Zeit doch eher im Aberglauben als im Unglauben zu versinken. Der Geistliche ist zur Nüchternheit verpflichtet. Alles Weichwerden gegenüber angeblichen Offenbarungsträgern ist vom Übel. In jeder Pfarrei gibt es Typen, die das Besondere lieben und es vorziehen, sich gefühlsmäßig in Brunst zu versetzen, statt den pflichtgemäßen Glaubensgehorsam zu leisten. Das Christentum vermittelt uns die Erlösungsgnaden, nirgends aber magische und außerordentliche Dinge.

Über irgendwelche bigotten Austräger können alle die genannten »frommen Spezialitäten« durchaus auch einmal in unserer Wohnstube oder in unserem Briefkasten landen. Im übrigen sollte jeder froh sein, der das genannte Zeugs nicht einmal vom Hörensagen her kennt. Manche Druckschriften kann man zudem nur mit der Zange anfassen. Es rächt sich auf diesem Gebiet, daß immer noch viele Bischöfe und manche Priester die angeblichen oder wenigstens erhofften »seelsorgerlichen Früchte« eines solchen blinden, ideologischen, oft perversen und nicht selten fanatischen Schwärmertums über die nüchterne Wahrheit stellen. Es rächt sich aber ebenso, daß unsere katholischen Professoren durchweg zu vornehm oder sich zu schade sind, sich einmal umfassend mit dieser katholischen Subkultur zu beschäftigen, vielleicht auch einen Studenten mit einer Doktorarbeit darüber zu betrauen und so ans Licht der Öffentlichkeit zu bringen, was es auch heute noch an unchristlichem und pathologischem Christentum gibt. So kann das Gift – die Gehässigkeit, die Hetze, die Verleumdungen und die Verketzerung Andersdenkender – weiter wirken, sich noch mehr verbreiten und weiter Schaden anrichten. Mit den wenigen Hinweisen an dieser Stelle sollte gewiß nicht das ganze Feld von Krankheit, Beschränktheit, Bigotterie, Intoleranz und Fanatismus auf dem Gebiete des christlichen Glaubens ausgeleuchtet werden. Andere sind hier gefordert. Meine mittlerweile sehr umfangreich

gewordene Sammlung würde ich für eine ernsthafte Untersuchung des Phänomens jedenfalls gerne zur Verfügung stellen.
Damit diese Überlegungen nun nicht nur im Bereich der grauen Theorie bleiben, möchte ich wenigstens einige typische Passagen aus anonymen, besser: aus *pseudo*nymen Briefen zitieren, aus Briefen mit falschen Absendernamen und -adressen also, mit denen der Mainzer Bischof Dr. Karl Lehmann, der Vorsitzende der Deutschen Bischofskonferenz, 1988 etwa bedient wurde. Kardinal Julius Döpfner ist es während seiner Amtszeit übrigens nicht anders ergangen. Die Briefe, aus denen ich zitiere, kommen alle von Leuten, die sich offensichtlich für besonders fromm halten, die aber ebenso offensichtlich krank sind. Nur, sie werden immer frecher in unserer gegenwärtigen Kirche, und sie gewinnen auch an Einfluß. Wer von uns hat denn schon einen Brief mit Klage oder Anklage an den Nuntius oder gar nach Rom geschrieben? Die Leute, um die es hier geht, tun das, und sie verleumden, begeifern und besudeln alles, was ihnen in ihrem kranken Christsein querliegt. *Sie* schreiben, wir nicht – und nach einem alten Sprichwort *bleibt immer etwas hängen.* Niemand sollte traurig sein, wenn solcherart Dreck im allgemeinen nicht auch noch bis zu ihm herunterrieselt. Es kann aber auch für einen Christen an der Basis nur gut sein, wenn er weiß, daß es diesen Dreck tatsächlich gibt – in unserer Kirche!
In einem der mir vorliegenden anonymen Briefe an Bischof Lehmann wird dieser als Schüler des großen Theologen Karl Rahner beschimpft. Rahner wiederum sei ein Schüler des Philosophen Martin Heidegger gewesen, und der war ein Nazi! So weiß denn also jeder, wer oder was hinter Bischof Lehmann steckt. Er wird beschimpft als – ich zitiere – *ökumenischer Playboy,* als *bischöflicher Durchschnitt,* als *jedermanns Liebling,* der auf allen Schultern tragen und auf allen Hochzeiten tanzen wolle.

Ihre »Hoppla-jetzt-komme-ich-Attitüde« ist Teil einer maßlosen Karrieresucht ... Die Nummer der »Führungsrolle«, in die ein verkümmerter Episkopat [damit sind die anderen deutschen Bischöfe gemeint] *Sie mit* einer *Stimme Mehrheit lanciert hat, ist Ihnen viele Größen zu groß.*

Das sind noch einige der harmlosesten Attacken. In einem anderen Brief, der wie die meisten dieser Produkte akademische und sogar theologische Ausbildung verrät, heißt es:

Auf der ganzen Linie betätigen Sie sich als »billiger Jakob«. Sie verramschen katholischen Glauben und katholische Lehre ... Was an uns liegt, wird geschehen, um den »Bischof« Lehmann zu enttarnen. Wir werden keine Mittel und keine finanziellen Belastungen scheuen, um Ihnen die Maske vom Gesicht zu reißen.

Man glaube mir doch bitte, daß der Haß *diese* »Christen« zu allem fähig macht! Ist der Unterschied dieser Ausfälle zum Mord an der Philosophin im öffentlichen Abort zu Alexandria, was die dahinterstehende Gesinnung angeht, wirklich so groß? Christen, die ihre Märtyrer glühend verehren, die selbst aber andere mit Klokübelscherben oder mit Haßtiraden zu vernichten trachten, bleiben mir ein Rätsel. Es ist freilich nicht schwer, und es bedarf keines Theologiestudiums, um hier die Geister zu scheiden. Unsere Welt – und auch unsere Kirche – gehen beide nicht am sogenannten Unglauben zugrunde, auch nicht an der sogenannten Unkeuschheit, mit der sich all diese Fanatiker so verdächtig intensiv beschäftigen. Welt und Kirche gehen allein zugrunde an der Lieblosigkeit, am Mangel an Liebe zum Nächsten. Hier haben wir das Kriterium Jesu – *das* Unterscheidungsmerkmal und zugleich das Erkennungszeichen seiner Schüler: *Daran werden alle erkennen, daß ihr* meine *Schüler seid: wenn ihr einander liebt* (Joh 13,35). Professor Albert Görres, der Münchener Psychotherapeut und Religionspsychologe, hat einen sehr lesenswerten Beitrag zum nach Konzilsende erschienenen *Handbuch der Pastoraltheologie* verfaßt. Er nennt darin den »Umgang mit dem Gegner« eines von vielen trüben Kapiteln und schreibt:

Die Auseinandersetzungen zwischen »Integralisten« und »Progressisten« oder zwischen denen, die sich für Christen, und denen, die sie für Nichtchristen halten, lassen mancherorts und gelegentlich kein noch so trübes Mittel der Gehässigkeit, Verleumdung und Ehrabschneidung ungenützt. Verdächtigungen, Unterstellungen, Denunziationen werden im Dienst der guten Sache mit heiliger Entrüstung eingesetzt, wo ein Außen-

seiter am katholizistischen Gebäude rüttelt, fromme Gewohnheiten und fromme Lügen in Frage stellt. Von Gerechtigkkeit, Fairneß, Enthaltung von richterlichem Urteil, von der Pflicht, fremde Sünden nicht zu publizieren, gar von Feindesliebe ist dann nicht mehr viel übrig. Das Ärgste an solchen Bosheiten ist das unerschütterlich gute Gewissen, mit der sie unter der Fahne des Sieges der Wahrheit geübt werden. Die Gegner sind ja »die Feinde Gottes mit ihren ideenleeren Hirnen« (J.M. Escriva, Der Weg, Nr. 35). [Jean] *Daniélou* [SJ, der spätere Kardinal] *spricht von »Inquisitoren ohne Auftrag, die ihre Blitze gegen die kleinste Ansammlung von Verstand schleudern«.* (Pathologie des katholischen Christentums, in: a.a.O., Bd. II/1, 338f.)

Interessant ist, daß Görres in diesem Zitat, also schon 1966, da das *Opus Dei* – das »Werk Gottes«! – bei uns praktisch noch unbekannt war, just dessen – frisch seliggesprochenen! – Gründer mit einem weder allzu christlichen noch besonders heiligen Ausfall zitiert. Görres spricht vom *unerschütterlich guten Gewissen*, und es scheint ja auch in der Tat völlig unmöglich, den Panzer der Orthodoxie und der Rechtgläubigkeit, in dem sich jene Glaubenskämpfer eingeschlossen haben, zu durchbrechen.
Es ist die Tragik des zu Anfang genannten Jesuswortes, das Johannes überliefert, daß es in einem schrecklichen Sinne mißverstanden und mißbraucht werden kann. Johannes überliefert ja das Wort: *Wenn sie mich verfolgt haben, werden sie auch euch verfolgen* (15,20). Wer einmal in einem solchen Panzer des allein rechten Glaubens drinsteckt, der wird jeden Angriff auf seine Position, ja, jede Ablehnung seiner Meinung nur als »Verfolgung« verstehen. *So wie man Jesus verfolgt hat, so verfolgt man jetzt auch mich!* Und ein solcher im Eis der Liebelosigkeit erstarrter Glaubenskämpfer wird sich um so mehr für einen rechten Schüler Jesu halten, je weniger er bei anderen Zustimmung findet, sondern, wie er es sieht, nur »Verfolgung« erfährt. Einen solchen Zustand der irreversiblen Verhärtung und Verkrustung nenne ich Fanatismus, und Fanatismus ist die absolute Pervertierung des Christseins. Schauen wir uns doch einmal genauer in unserer Kirche um: Wir werden erschrecken. Der »Heide« Sophokles ließ ein halbes Jahrtausend vor Jesus von Nazaret seine Heldin Antigone in der gleichnamigen

Tragödie sprechen: *Mitlieben, nicht mithassen ist mein Teil* (Vers 523). Müssen sich Christen heute von einem Heiden sagen lassen, was sie von Jesus, ihrem Christus, offensichtlich nicht gelernt haben, um der Pervertierung ihres Christseins zu entgehen? Bewahren vor solcher Pervertierung des Christseins – ohne Hoffnung auf Umkehr – kann uns in der Tat nur der, auf dessen Antlitz uns die Liebe Gottes erschienen ist und der uns auch gelehrt hat, daß *Gott* die Liebe ist und daß man *diesem* Gott auch nur mit Liebe dienen kann. Ja – auch unser »rechter Glaube« kann immer nur unsere Liebe sein.

Feurige Missionare und erschlagene Märtyrer –

auch Boten des Glaubens und Zeugen Jesu?

1 Korinther 2,1–5

Als ich zu euch kam, Brüder [und Schwestern], kam ich nicht, um glänzende Reden oder gelehrte Weisheit vorzutragen, sondern um euch das Zeugnis Gottes zu verkündigen. Denn ich hatte mich entschlossen, bei euch nichts zu wissen außer Jesus Christus, und zwar als den Gekreuzigten. Zudem kam ich in Schwäche und in Furcht, zitternd und bebend zu euch. Meine Botschaft und Verkündigung war nicht Überredung durch gewandte und kluge Worte, sondern war mit dem Erweis von Geist und Kraft verbunden, damit sich euer Glaube nicht auf Menschenweisheit stützte, sondern auf die Kraft Gottes.

Nicht immer kommen die Verkünder des Evangeliums so zu den Menschen, wie der Apostel Paulus es in seinem Brief nach Korinth von sich gesagt hat: *in Schwäche und in Furcht, zitternd und bebend.* Anfang 1989 brachte der evangelikale Informationsdienst *idea* die folgende Meldung:

Zwei evangelische Prediger sind in Mexiko zu Tode gesteinigt worden. Nach Angaben des protestantischen Dachverbandes Weltweite Evangelische Allianz [in den USA] *wurde der 35 Jahre alte Evangelist Abeline Jerez Hernandez von mehr als 100 fanatischen Mexikanern getötet. Sie überwältigten den protestantischen Prediger in einer Ortschaft im Toluca-Tal, trieben ihn auf das freie Feld und bewarfen ihn mit Steinen, bis er starb. Keiner der Angreifer wurde festgenommen. In Los Reyes La Paz, einem Ort östlich der Hauptstadt Mexiko, wurde zur gleichen Zeit die Leiche des 21jährigen Predigers Julio Davalos Morales aufgefunden. Er wurde auf ähnliche Weise wie Hernandez erschlagen.* (Rheinischer Merkur, 3.2.1989)

Der genannte Informationsdienst wie auch die in der Meldung genannte *Evangelische Allianz* gehören – wenn man das etwas pauschal so sagen darf – zur fundamentalistischen Richtung innerhalb des Protestantismus. Fundamentalismus im Bereich des Christentums will sagen, daß sich die Anhänger fundamentalistischer

Gemeinschaften für ihren Glauben auf bestimmte, »fundamentale«, also grundlegende Prinzipien berufen, unter anderem auf die von ihnen behauptete Unfehlbarkeit und Irrtumslosigkeit der Bibel. Nach wie vor steht es für viele dieser Gruppen, vor allem in den USA, beispielsweise fest, daß Gott in sieben Tagen – und zwar in genau sieben Tagen – die Welt erschaffen hat. Der Fundamentalismus ist nicht nur eine religiöse Überzeugung; er ist weitgehend eine Geisteshaltung, um nicht zu sagen: eine Ideologie, die ihrem Wesen nach intolerant ist. Ausgerüstet mit riesigen finanziellen Mitteln, so hört man immer wieder, betreiben fundamentalistische Gruppen und Sekten aus den USA eine rege Missionstätigkeit, wie sie das nennen, unter der katholisch-christlichen Bevölkerung Mittel- und Südamerikas. Wenn man schon einmal amerikanische Fernsehprediger und ihre, für meine Begriffe widerwärtigen Auftritte auf dem Bildschirm erlebt hat – diese Mischung von religiöser Aufputschung, gekonnter Propaganda und auch geschäftstüchtigem Management –, dann gehört nicht viel Phantasie dazu, sich auch das selbstsichere und oft provozierende Auftreten fundamentalistischer Wanderprediger vor den Bauern Mexikos oder sonstwo unter der von Armut und oft auch noch von religiöser Einfalt geprägten Bevölkerung Lateinamerikas vorzustellen. Man muß sich nur wundern, daß es als Folge solchen Auftretens nicht noch zu mehr bedauerlichen Vorfällen dieser Art kommt, und es stellt sich die Frage, ob solche »Verkünder« wirklich Boten des christlichen Glaubens und – im Falle ihres gewaltsamen Todes – auch Märtyrer, das heißt Zeugen Jesu sind.
Wenn wir jedoch so fragen, sollten wir dann aber nicht auch einmal in die eigene Vergangenheit schauen, in die Zeit, da auch bei uns fremdländische Missionare mit nicht geringerem Eifer einen neuen Glauben gepredigt haben? Der angelsächsische Priester Willibald, der die erste Biographie des heiligen Bonifatius, des Apostels der Deutschen, wie er genannt wird, geschrieben hat, berichtet darin in etwas schwülstigem Stil auch die folgende Geschichte:

Damals aber empfingen die Hessen, die den katholischen Glauben angenommen und durch die siebenfältige Gnade des Geistes gestärkt waren, die

Handauflegung; andere aber, deren Geist noch nicht erstarkt, verweigerten, des reinen Glaubens unverletzbare Wahrheiten zu empfangen; einige opferten heimlich auch Bäumen und Quellen, ... andere dagegen, die schon gesunderen Sinnes waren und allem heidnischen Götzendienst entsagt hatten, taten nichts von alledem. Mit deren Rat und Hilfe unternahm er [Bonifatius] *es, eine ungeheure Eiche, die mit ihrem alten Namen Jupitereiche (Donarseiche) genannt wurde, an einem Orte, der Gäsmere (Geismar) hieß, im Beisein der ihn umgebenden Knechte Gottes zu fällen. Als er nun in der Zuversicht seines standhaften Geistes den Baum zu fällen begonnen hatte, verwünschte ihn die große Menge der anwesenden Heiden als einen Feind ihrer Götter lebhaft in ihrem Innern. Als er jedoch nur wenig den Baum angehauen hatte, wurde sofort die gewaltige Masse der Eiche von höherem, göttlichem Wehen geschüttelt und stürzte mit gebrochener Krone zur Erde, und wie durch höheren Winkes Kraft barst sie sofort in vier Teile ... Als dies die vorher fluchenden Heiden gesehen, wurden sie umgewandelt, ließen von ihrem früheren Lästern ab, priesen Gott und glaubten an ihn.* (Nach: Georg Hahn, *Die abendländische Kirche im Mittelalter,* 50)

Nun, den Heiden einen Baum, der ihnen heilig war, umzuhauen – ich bin mir gar nicht so sicher, ob das wirklich eine Heldentat gewesen ist. Bonifatius ist damals noch mit einem blauen Auge davongekommen. Was nun auch in Geismar geschehen sein mag und wie immer sich in diesem Bericht Legende und Wirklichkeit gemischt haben mögen, man ist versucht zu sagen: So einfach war das, unseren Vorfahren den Glauben Jesu zu bringen – missionieren durch Provozieren! Wie würden wir denn wohl reagieren, wenn eines guten Tages auch bei uns jemand in die Kirche eindränge oder an eines unserer Heiligtümer rührte – natürlich mit einem starken Glauben, vielleicht dem muslimischen oder dem der Zeugen Jehovas oder auch nur dem der verbissenen Anhänger des verstorbenen Lefebvre? Und wenn er dann das Kreuz auf dem Glockentürmchen vielleicht durch den Halbmond ersetzte oder sich auch nur, wie Jehovas Zeugen es tun, über unsere Kreuze als »Mordwerkzeuge« lustig machte? Oder wenn er den Altar wieder an die Wand rückte und verlangte, daß auch wir fortan wieder nur noch lateinisch und nur nach dem »reinen« Ritus der Vorkonzils-

zeit die Messe feierten? Ja, was wäre? Und wie würden wir reagieren?
Vielleicht fällt von daher auch ein Licht – oder auch ein Schatten – auf das Martyrium – sprich: die Ermordung – so vieler unserer deutschen Glaubensboten, etwa des irischen Wanderbischofs Kilian, der um 689 in Würzburg mit seinen Gefährten den Tod gefunden hat. Wie und warum das zum Beispiel geschah, vermerkt das *Lexikon für Theologie und Kirche* im Anschluß an die stark legendenhafte Überlieferung:

Danach konfrontierte Kilian während der wohl nur einige Jahre dauernden Missionstätigkeit in Würzburg die dort ansässige thüringische Herzogsfamilie, die, obwohl von der [Überlieferung] *als heidnisch bezeichnet, zweifellos getauft war, mit dem Kirchenrecht. Als er von Herzog Gozbert verlangte, daß dieser seine Frau, da sie die Gattin seines Bruders gewesen sei, entlasse, ließ diese Kilian zusammen mit seinen Gefährten ermorden.* (A.a.O. Bd. 6, 144)

Die hier erwähnte »Konfrontierung mit dem Kirchenrecht« mutet merkwürdig modern an, zumal es damals – wie zumeist noch heute – um Ehefragen ging. Es ist sicher dem zivilisatorischen Fortschritt zu danken, daß es heute weder dem Lebensgefährten einer Putzfrau, der von einer katholischen Institution wegen ihrer »ungeregelten Beziehung« gekündigt wurde, noch einem qualifizierten Facharzt, der, weil protestantisch oder geschieden, gar nicht erst angestellt wird, in den Sinn käme, etwa den Generalvikar der betreffenden Diözese zu ermorden. Ja, das ist gewiß ein Fortschritt – wenigstens auf der »weltlichen« Seite. Die Gläubigen singen im Falle der Frankenapostel jedoch nach wie vor und mit großer Inbrunst die zwölf Strophen eines Liedes aus der Zeit des Dreißigjährigen Krieges, in dem es unter anderem heißt:

7. Die sündlich' Eh' verboten hat, / wie Sankt Johann der Täufer tat.
8. Gailana dann den Gottesmann / aus Rache zu ermorden sann.
9. Er hat besprengt mit seinem Blut / den ausgestreuten Samen gut.
(Gotteslob [1975], Eigenteil des Bistums Würzburg, Nr. 909)

Vielleicht ist es gut, auch ein wenig von den Hintergründen zu wissen, die damals im 6. und 7. Jahrhundert so viele irische Missio-

nare zu den germanischen Völkern des europäischen Festlands aufbrechen ließen. Wie hat sich überhaupt die Christianisierung Germaniens in den Grenzen des heutigen Deutschlands vollzogen? Die ersten Ausbreiter des Christenglaubens waren Soldaten und Händler im römischen Germanien westlich des Rheins und südlich der Donau. Sie kamen aus dem Mittelmeerraum, aus Kleinasien und Nordafrika – eben aus all den Ländern, in denen das Christentum bereits weit verbreitet war. Nach der Ablösung der römischen Herrschaft durch germanische Reiche war der Übertritt des Frankenkönigs Chlodwig zum Christentum ein Meilenstein auf dem Wege der Christianisierung der germanischen Gebiete östlich des Rheins. Weihnachten 496 wurde der Frankenkönig von Bischof Remigius in Reims getauft. Und so, wie die Franken dann in der Folgezeit die anderen germanischen Reiche – die Alemannen, Thüringer, Bayern, Friesen und Sachsen – unterwarfen, so wurden auch diese Stämme für das Christentum gewonnen. Nun war es aber nicht die fränkische Kirche im Stammland der Franken, dem heutigen Frankreich, die hier bei uns den Glauben predigte. Die Missionare kamen vielmehr in zwei großen Wellen von außerhalb des Festlandes: zuerst die bereits erwähnten keltischen Missionare aus Irland, danach die angelsächsischen Glaubensboten aus England.
Irland ist nie von den Römern erobert worden. Als Apostel Irlands gilt der heilige Patrick. Nach der Überlieferung war er als Gefangener irischer Seeräuber ins Land gekommen, später nach Frankreich geflohen und dann als Missionar nach Irland zurückgekehrt. Die Missionsmethode war damals streng und brutal. Zwar schonte man zunächst das Brauchtum, aber die heidnischen Heiligtümer zerstörte man rücksichtslos. Die irische Kirche, die so allmählich entstand, war eine ausgesprochene Mönchskirche. In den Klöstern, mit denen das Land bald übersät war, herrschte eine strenge Zucht.

Stundenlang beteten die Mönche mit ausgestreckten Armen, kniend, liegend oder gar in kalten Flüssen oder Teichen stehend. Zweimal täglich beichtete der Mönch seinem Vorgesetzten. Auf den geringsten Vergehungen standen Stockschläge oder Einkerkerungen; wer das Gebet vor oder nach der Arbeit vergaß, erhielt zwölf Stockhiebe, wer bei Beginn des Chorgebetes hustete oder falsch sang, erhielt sechs Hiebe. (Bernhard Ridder, *Geschichte der katholischen Kirche*, Bd. I, 246f.)

Trotzdem blühten die Klöster und hatten keine Nachwuchssorgen. Doch, wenn wir vom Glaubenseifer einmal absehen, wen wundert's, daß es immer mehr Mönchen in ihren Klöstern – wohl im doppelten Sinne – zu eng wurde und daß immer mehr als Missionare über Frankreich nach Germanien aufbrachen? Der bedeutendste dieser irischen Wandermissionare war der heilige Kolumban der Jüngere. Er wird beschrieben als *ein Mann von unerbittlicher Härte, ein zweiter Johannes Baptista* (a.a.O., 247). Er kam 590 mit zwölf Ordensbrüdern ins Frankenreich. Welchen Eindruck die Missionare machten, beschreibt ein Schulbuch:

Fremdartig sehen die hageren Mönche aus mit dem kahlgeschorenen Vorderkopf und dem auf die Schultern wallenden Blondhaar. Ihre Augenlider sind rot oder schwarz bemalt, vom Halse hängen Reliquienkapsel und Hostiengefäß herab, das weiße Gewand deckt ein grober Mantel, ein lederner Zwerchsack hütet die kostbaren Bücher; an langen Wanderstäben läutet ein Glöckchen. Auch auf dem Festland leben die Mönche wie in ihrer Heimat, sie bauen sich Hütten aus Flechtwerk und verschmähen jede Bequemlichkeit. Das Volk liebt die grimmigen Asketen und flammenden Bußprediger, der einheimische [fränkische] *Klerus beobachtet mißtrauisch die irischen Sonderbräuche, und die Vornehmen schaffen sich die unbequemen Mahner vom Halse.* (Wilhelm Brüggeboes, *Geschichte der Kirche* I, 74)

Hier klingen die Probleme der irischen Bekehrungsmission schon an. Streng gegen sich selbst, waren sie ebenso streng und unerbittlich auch gegen andere. Das schaffte ihnen Feinde. So wurde Kolumban aus Frankreich vertrieben. Weil sich auch viele andere irische Missionare im christlichen Frankenreich nicht halten konnten, gingen sie nach Osten zu den noch im heidnischen Glauben lebenden Germanen. Aber damit waren die Probleme, die in ihrer eigenen Lebens- und Glaubensart lagen, nicht beseitigt. Denn auch im Land der Heiden ging es nicht immer gut, mögen die wuchernden Legenden am Ende auch alles Tun und Lassen unserer Missionare in verklärenden Glanz gehüllt haben, so daß immer nur die »bösen und verstockten Heiden« die Schuld am Tod dieser »heldenhaften Glaubensboten« trugen. Zu den Märtyrern, die eines gewaltsamen Todes starben, gehören neben Sankt Kilian der Einsiedler Trudpert im Münstertal bei Freiburg, ebenfalls im Freiburger Raum der heilige Landelin, in späterer Zeit dann noch der heilige Emmeram in Regensburg und schließlich ja auch 754 bei Dokkum in Friesland der heilige Bonifatius.

Die Geschichte der Germanenmission ist sicher eines der interessantesten Kapitel der abendländischen Kirchengeschichte, ein Kapitel, das uns wieder bewußt machen kann, daß wir in unserem heutigen Christenleben nicht isoliert dastehen. Wir sind ja nicht nur den Christen in aller Welt – gewissermaßen auf einer weiten, horizontalen Ebene – verbunden. Wir stehen ebenso in einer tiefen und festen Bindung zu unserer Vergangenheit, und wenn das auch in einer Zeit, da Geschichtsbewußtsein und Geschichtskenntnisse bedenklich geschrumpft sind, vielen kaum noch bewußt ist: Wir verdanken diesen Missionaren unseren christlichen Glauben. Viele sorgen sich heute um die Weitergabe dieses Glaubens an die kommende Generation. Nicht nur Bischöfe und Priester sorgen sich; viele lebendige Christen in den Gemeinden und vor allem viele Eltern machen sich Sorgen und fragen sich, warum diese Weitergabe des Glaubens, die Weitergabe einer doch »frohen« Botschaft, auf einmal so schwer geworden zu sein scheint. Vielleicht kann es uns bei der Beantwortung dieser Frage helfen, wenn wir gerade an die vielen erschlagenen Glaubensboten denken und wenn wir danach fragen, was damals – soweit die Geschichte und die Legenden uns das überhaupt noch erkennen lassen – den Widerstand der Menschen gegen die christliche Botschaft hervorgerufen hat. Könnte es denn heute nicht ähnlich sein: daß nämlich der immer stärker spürbare Widerstand unserer jungen Generation gegen alles, was nach Kirche überhaupt riecht – gegen Papst und Bischöfe, Pfarrer und Religion –, daß das alles seinen Grund gar nicht zuerst in der Verstocktheit und Bosheit unserer heutigen Menschen hat, sondern in der Engstirnigkeit und Borniertheit oder sogar Unverschämtheit gewisser heutiger Verkünder des Evangeliums?

Um diese Frage zu beantworten, mag ein Beispiel aus der jüngsten Kirchengeschichte voll genügen. Pater Häring, der große alte und weise Mann unter den heutigen Moraltheologen, hat es erzählt. Die Vorgeschichte sei hier mit dem Vorspann zu einem Interview zusammengefaßt, das *Kirche intern* mit dem Abgeordneten des Bayerischen Landtags Peter Widmann geführt hat:

Auf einem im [November 1988] *von Erzbischof Groër und dem kirchlichen Geheimbund Opus Dei gesponserten Kongreß zum 20. Jahrestag der Enzyklika »Humanae vitae« – auch »Pillenenzyklika« genannt – verglich der Leiter des päpstlichen Instituts für Studien über Ehe und Familie, der reaktionäre römische Theologe Carlo Caffarra, alle jene Gläubigen, die Verhütungsmittel anwenden, mit Mördern. In einem Brief an den Papst protestierten nun* [34 der] *CSU-Abgeordneten des Bayerischen Landtags ... gegen diesen, wie sie schreiben, »unfaßbaren Vergleich«.* (KI 3 [3/1989] 31)

Professor Häring hat nun erzählt, daß Caffarra bereits einige Monate zuvor auf einem Kongreß der Moraltheologen an der römischen *Academia Alfonsiana,* dem Caffarra vom Vatikan als zusätzlicher Redner aufgezwungen worden war, die Anwendung empfängnisverhütender Mittel als *Tatbestand des Neins zum Gott des Lebens* charakterisiert habe. Und Häring weiter:

Am folgenden Tag gab es ein Round-Table-Gespräch. Dabei fragte ich Caffarra unter anderem, ob er glaube, daß ein solches Gedankenmodell bei mündigen, kritischen Menschen ankommen könne. Seine Antwort war: »Das interessiert mich nicht. Wir sprechen einfach die Wahrheit aus«. (A.a.O. 29)

Man könnte sagen: Es liegt halt nicht jedem, die Botschaft Jesu, wie der Apostel Paulus sagt, *in Schwäche und in Furcht, zitternd und bebend* den Menschen zu bringen. Es ist aber doch wohl um ein vielfaches schlimmer. Denn abgesehen davon, daß ein solch unerhörter Schwachsinn auch dann noch keine Wahrheit ist, wenn er unter den Augen des Papstes ausgebrütet wurde –, abgesehen davon, heißt das doch auf gut deutsch: *Wir werden weiter marschieren, wenn alles in Scherben fällt ...* Und das weckt grauenhafte Erinnerungen an unsere deutschen Nazi-Ideologen, die das nicht

nur singen ließen, sondern uns tatsächlich einen furchtbaren Scherbenhaufen hinterlassen haben. Und im übrigen: Nicht einmal ein Ochse geht mit dem Kopf durch die Wand.
Trotz allen berechtigten Zorns mag für uns dabei interessant sein, wie sich die Mentalitäten – die menschliche Beschränktheit sowohl wie die eifernde Brutalität – bei den frühen irischen Missionaren und bei einem heutigen vatikanischen Monsignore doch über die Jahrhunderte hinweg gleichen. Unsere eifernden irischen Missionare haben trotzdem Erfolg mit ihrer Verkündigung des Evangeliums gehabt. Ich vermute daher, sie haben auch noch etwas anderes gekonnt, als nur zu eifern! Sorgen wir jedenfalls dafür, daß da, wo wir als Christen stehen, nicht zuviel geeifert wird – brutal fundamentalistisch oder auch mit Berufung auf die sogenannte »Wahrheit«. Sorgen wir dafür, daß nicht nur von Unglauben und Sünde geredet wird; daß Jesu Botschaft in unseren Familien und Gemeinden vielmehr stets und in erster Linie eine frohe Botschaft bleibt. Die kommenden Generationen werden es gewiß auch uns einmal danken.

Jesu »Donnersöhne«

Feuer vom Himmel ist nie eine Lösung

Lukas 9,51–56

Als die Zeit herankam, in der er aufgenommen werden sollte, entschloß sich Jesus, nach Jerusalem zu gehen. Und er schickte Boten vor sich her. Diese kamen in ein samaritisches Dorf und wollten eine Unterkunft für ihn besorgen. Aber man nahm ihn nicht auf, weil er auf dem Weg nach Jerusalem war. Als die Jünger Jakobus und Johannes das sahen, sagten sie: Herr, sollen wir befehlen, daß Feuer vom Himmel fällt und sie vernichtet? Da wandte er sich um und wies sie zurecht. Und sie gingen zusammen in ein anderes Dorf.

Mit dem Text, den wir hier vor uns haben, beginnt der Evangelist Lukas in seinem Evangelienbuch einen neuen Abschnitt. Während Lukas sonst, ähnlich wie Mattäus, ziemlich genau dem Erzählfaden des Markus folgt, schiebt er hier an die neun Kapitel Jesusüberlieferung, die er aus anderen Quellen gesammelt hat, dazwischen, um erst danach den Faden des Markus wieder aufzunehmen. Die Schriftausleger sprechen von diesem lukanischen Einschub als von dem *großen Reisebericht* des Lukas (9,51–18,14). Vermutlich hat auch der erste Satz unseres Textes zu dieser Benennung beigetragen. Es heißt ja, daß Jesus den Entschluß faßte, nach Jerusalem zu wandern. Im griechischen Originaltext heißt es noch viel plastischer: *Er richtete sein Gesicht in Richtung Jerusalem*, das heißt, er faßte Jerusalem als Ziel seines Weges ins Auge. Der Evangelist Lukas hat diese Einleitung natürlich geschrieben. Als er sein Evangelium schrieb, da wußte er ja bereits, wie die Geschichte Jesu ausgegangen war und was ihn an seinem Ziel, in Jerusalem, erwartet hatte: das Kreuz und der Tod. Aber Jesu Tod, sagt Lukas, ist Aufnahme, Hinaufnahme zu Gott – und so drückt er es gleich im allerersten Satz dieser Geschichte vom Beginn der Reise Jesu nach Jerusalem aus: *Als die Tage seiner Hinaufnahme* (wir könnten auch sagen: seines Heimgangs) *näher kamen, da faßte er Jerusalem als Ziel seines Weges fest ins Auge.* Ich hoffe, bei einer solchen Wiedergabe im Deutschen

spürt ein jeder, auch wenn er der griechischen Sprache nicht mächtig ist, wie beinahe jedes Wort dieses einleitenden Satzes einen Hintersinn hat und von einem bloß vordergründigen Verständnis weg in die Tiefe führt.
Von daher gesehen ist auch die Überschrift *Reisebericht* für die von Lukas eingeschobenen Kapitel nur eine Verlegenheitslösung. Lukas *muß* ja sozusagen den Helden seiner Geschichte, Jesus, in seinem Evangelium auf die Reise nach Jerusalem schicken, um so den Anfang in Galiläa mit dem Ende in Jerusalem zu verknüpfen. Es gibt keine zuverlässige Überlieferung von einer Reise Jesu von Galiläa nach Jerusalem. Auch Lukas lag 50, 60 Jahre nach Jesu Tod, als er sein Buch über Jesus schrieb, keine solche Überlieferung vor. Er hat darum alle die Überlieferungsstücke, die Jesusgeschichten, die er über Markus hinaus gesammelt hatte, hier untergebracht – gewissermaßen in der Lücke zwischen Jesu Predigt in seiner galiläischen Heimat und seinem Tod am Kreuz in Jerusalem. Man kann das eigentlich *so* – indem man es bloß sagt – gar nicht recht verständlich machen. Dazu muß man schon die Kapitel 10 bis 18 bei Lukas einmal selber lesen. Dann versteht man auch, was der katholische Exeget Josef Schmid dazu geschrieben hat:

Betrachtet man diese [große Einschaltung] *für sich, so erweist sie sich als eine formlose Zusammenstellung verschiedener Stoffe, für deren Zusammenfügung erst Lukas eine gewisse Ordnung schaffen mußte.* (Einleitung in das Neue Testament, 262)

Es ist also eigentlich gar kein Reisebericht, der mit unserem Text beginnt; es ist eine Sammlung und Zusammenstellung verschiedener Geschichten, mit denen der Evangelist eine Lücke in der ihm vorliegenden Überlieferung aufgefüllt hat. Dazu paßt ja auch die Beobachtung, daß es ganz und gar keine Reiseroute gibt; daß Jesus beispielsweise sehr bald schon ganz in der Nähe seines Reiseziels Jerusalem ist – in Betanien nämlich –, daß er sich danach aber plötzlich wieder im Grenzgebiet von Samaria und Galiläa befindet. Der evangelische Forscher Karl Ludwig Schmidt hat bereits 1919 – und ich vermute mit einem gewissen Schmunzeln – geschrieben:

Schon das eine macht stutzig, daß Jesus immer nach Jerusalem reist, aber auf dieser Reise gar nicht recht weiterkommt. (Der Rahmen der Geschichte Jesu, 269)

Ein kleiner Blick hinter die Kulissen des Evangeliums, wie wir ihn soeben getan haben, kann durchaus hilfreich sein. Bei unserem Bemühen, unseren Abschnitt zu verstehen, werden wir gar nicht erst versuchen, ihn in eine Reise einzuordnen und damit Jesus auf einer Reise zu begleiten, die es so gar nicht gegeben hat. Darum noch einmal: Lukas hat einzelne Überlieferungsstücke über Jesus für sein Evangelium, das heißt für seine eigene Jesuspredigt gesammelt und zusammengestellt, hier und da auch durch überleitende Bemerkungen miteinander verbunden. Auslegen kann man diese Geschichten über Jesus aber nur, wenn man jede für sich nimmt und sich mit dem begnügt, was sie uns erzählt. Das aber ist oft mehr, als wir beim bloßen Lesen einer solchen Geschichte vermuten möchten.

Im vorliegenden Abschnitt sind die handelnden Personen schnell aufgezählt: die wenig gastfreundlichen Samaritaner, zwei der Schüler Jesu, Jakobus und Johannes, und Jesus selbst. Die Juden, das wissen wir wohl alle, hatten es nicht mit den Samaritanern. Diese waren zwar ein Brudervolk, galten den Juden aber als halbe Heiden. Die Samaritaner wiederum haben den Juden ihren religiösen und völkischen Stolz heimgezahlt, wo sie nur konnten. Im Midrasch *Genesis Rabba*, einem Kommentar zum ersten Buch Mose, wird folgendes erzählt:

Rabbi Jischmaël ben Jose ging [von Galiläa] *hinauf, um in Jerusalem zu beten. Er kam an einer Platane vorüber, wo ihn ein Samaritaner erblickte, der zu ihm sprach: Wohin gehst du? Er antwortete: Ich gehe hinauf, um in Jerusalem zu beten. Jener sprach: Wäre es dir nicht besser, auf diesem gesegneten Berge (d. h. dem Garizim* [dem heiligen Berg der Samaritaner]*) zu beten als auf jenem Misthaufen?* (Nach: Paul Billerbeck, *Kommentar zum Neuen Testament aus Talmud und Midrasch,* Bd. I, 725)

Wie sich hier zeigt, war man im Umgang miteinander keineswegs zimperlich. Der jüdische Schriftsteller Josephus Flavius berichtet in seinen *Jüdischen Altertümern* von einer ganz besonderen Schandtat, die sich kurz nach Christi Geburt unter dem römischen Prokurator Coponius zugetragen haben soll:

Am Feste der ungesäuerten Brote, das wir Pascha nennen, pflegten die Priester gleich nach Mitternacht die Tore des Tempels zu öffnen. Kaum war das diesmal geschehen, als einige Samaritaner, die heimlich nach Jerusalem gekommen waren, menschliches Totengebein in den Hallen und im ganzen Tempel verstreuten. Deshalb mußte man, ganz gegen die sonst beim Fest geltende Gewohnheit, den Zutritt zum Tempel verbieten. (A.a.O. 18,2,2)

Das heißt, durch die Knochen der Toten hatten die Samaritaner den Tempel für den Kult, für den Gottesdienst, »unrein« gemacht, ihn mit anderen Worten entweiht und den Tausenden von Pilgern, die jährlich zu Ostern nach Jerusalem kamen, so das Fest gründlich vermasselt. Es gibt noch mehr solcher Geschichten vom Haß zwischen diesen beiden völkischen Gruppen. Vielleicht können wir die Spannungen von damals besser verstehen, wenn wir nach Armenien und Aserbeidschan hinüberschauen, aber auch nach Serbien und Kroatien, wo der Haß zweier Volksgruppen unmittelbar vor unserer Haustür seine Orgien feiert. Für die Juden aus Galiläa war es besonders unglücklich, daß sie auf dem Weg nach Jerusalem, ob sie wollten oder nicht, durch das Gebiet der Samaritaner hindurch mußten. Vielleicht waren Jesu Schüler etwas zu optimistisch oder auch zu selbstbewußt, als sie ausgerechnet in einem samaritanischen Dorf für sich und ihren Lehrer Gastfreundschaft erwarteten. Die Türen wurden ihnen jedenfalls vor der Nase zugeknallt, und es heißt ausdrücklich: *Sie nahmen ihn nicht auf, weil er Jerusalem als Ziel ins Auge gefaßt hatte.* Der Haß gegen die andern, gegen die Fremden, hatte in Jesus und seinen Schülern wieder einmal ein Opfer gefunden. Der Haß der einen hatte aber auch den Haß der anderen entfacht. Denn was steckt anders als Haß in dem Wunsch der beiden Schüler Jesu, daß Feuer vom Himmel falle und das ungastliche Dorf vernichte. Feuer *vom Himmel,* das heißt von Gott! Und das ist das eigentlich Schlimme: Gott soll zum Komplizen des menschlichen Hasses gemacht werden.
Es dürfte dabei kaum als Entschuldigung gelten, daß Jakobus und Johannes für ihr stürmisches Temperament bekannt waren; es

hatte ihnen sogar, wie Markus berichtet (3,17), von seiten Jesu den Spitznamen *Donnersöhne* eingetragen – auf gut Deutsch und ohne unsere salbungsvolle Bibelsprache heißt das: Sie waren *Radaubrüder*. Sie waren zweifellos aber auch bibelfest und kannten darum auch die Geschichte vom Propheten Elija, in der erzählt wurde, daß dieser Prophet einst seine Macht gegenüber König Ahasja dadurch demonstriert habe, daß er ganze zwei Kompanien Soldaten in Flammen aufgehen ließ:

Ahasja schickte einen Truppenführer mit fünfzig Mann hinter Elija her. Sie fanden den Propheten auf dem Gipfel eines Berges sitzen. Der Anführer ging zu ihm hinauf und sagte: »Mann Gottes, komm herunter! Der König befiehlt es!« Doch Elija antwortete: »Wenn ich wirklich ein Mann Gottes bin, dann soll Feuer vom Himmel herabfallen und dich und deine fünfzig Mann töten!« Sofort fiel Feuer vom Himmel und verbrannte sie alle. Da schickte der König einen anderen Truppenführer mit fünfzig Mann. Auch er rief Elija zu: »Mann Gottes, komm sofort herunter! Der König befiehlt es!« Elija antwortete: »Wenn ich wirklich ein Mann Gottes bin, dann soll Feuer vom Himmel herabfallen und dich und deine fünfzig Mann töten!« Sofort fiel ein Feuer Gottes vom Himmel und verbrannte sie alle. (2 Kön 1,10–12; nach: Gute Nachricht)

Die Elijageschichten bedürfen einer eigenen Interpretation; sie sind an vielen Stellen von Haß und Brutalität geprägt, und sie sind moralisch daher eher als höchst anrüchig einzustufen denn als vorbildlich für das Handeln von Schülern Jesu. Dementsprechend hart fällt auch die Reaktion Jesu aus. Jesus *fuhr die beiden an*, heißt es im griechischen Text, und Lukas gebraucht hier das gleiche Wort, das sich auch in anderen Jesusgeschichten findet, wenn nämlich erzählt wird, wie Jesus die Dämonen *anfuhr*, die Mächte des Bösen, wenn die, wie man damals glaubte, einen Menschen in ihrer Gewalt hatten. Ja, Feuer vom Himmel auf andere herabrufen und Gott zum Komplizen seines eigenen Hasses machen, was ist das anders als eine Manifestation des Dämonischen, des abgrundtief Bösen!
Im Juli 1989 brachte die *Herder-Korrespondenz* einen Leitartikel mit der Überschrift *Neue Gehässigkeit?* Die Überlegungen, die Klaus Nientiedt darin anstellte, haben bis heute nichts an Aktualität eingebüßt. Sie begannen mit der Feststellung:

Wenn der Anschein nicht trügt, trifft die Kirche gegenwärtig hierzulande auf eine Stimmung, die wenigstens zum Teil als durchaus gereizt, polemisch, zuweilen gehässig bezeichnet werden kann. (HK 43 [7/1989] 289)

Die Kirche Jesu, vor allem die katholische Kirche, wird vielfach in der heutigen Öffentlichkeit gehaßt – trotz ihrer, wie es weiter in dem Artikel heißt, *äußerlich-institutionell gesicherten Existenz.* Wir wissen natürlich, welchen Einfluß unsere Medien, die Magazine und Illustrierten und vor allem auch das Fernsehen, auf die Stimmungen und Aggressionen in unserer bundesdeutschen Ich-mach-was-ich-will-Gesellschaft haben. Da sind die, die Normen und Regeln für das menschliche Zusammenleben verkünden, mögen diese auch noch so vernünftig sein, von vorneherein im Hintertreffen. Natürlich wissen wir alle, daß die Geschichte der Christenheit nicht in allem ein Ruhmesblatt und ein Zeichen für das ununterbrochene Wirken des Heiligen Geistes ist. Wir wissen alle, daß auch die Kirchengeschichte viele unchristliche und unmenschliche, ja, blutige Aspekte hat. Die Fachleute wissen es, und auch diejenigen unter den Gläubigen wissen es, die nicht nur wie fromme Schafe ihren Hirten hinterherlaufen, sondern auch selbst ein lebendiges Interesse an der Botschaft Jesu und an ihrem Weg zu den Menschen haben. Wir wissen es, daß wir alle miteinander eine *Kirche der Sünder* sind, wie es der große Theologe Karl Rahner einmal ausgedrückt hat. Und wir wissen auch, daß es nie anders gewesen ist. Aber viele in unserer übersättigten und gelangweilten Öffentlichkeit scheinen eben dieses immer wieder neu zu entdekken und für den jeweils letzten Schrei der Erkenntnis zu halten. Im genannten Artikel heißt es:

Die Heftigkeit, mit der da auf Kirche und Christentum eingedroschen wird, steht in seltsamem Kontrast zum Desinteresse, das sonst Glaube und Religion entgegengebracht wird. (A.a.O. 290)

Nun darf man die Unfreundlichkeit und den Haß der Samaritaner gegenüber den Juden gewiß nicht so einfach mit den Gehässigkeiten und den Aggressionen vergleichen, denen das kirchliche Christentum heute in weiten Kreisen und vor allem in der öffentlichen

Diskussion ausgesetzt ist. Es läßt sich auch nur schwer bestreiten, daß vieles von dieser »neuen Gehässigkeit« tatsächlich durch das Verhalten von Christen und kirchlichen Instanzen immer wieder provoziert wird. Um so stärker stellt sich die Frage, wie wir als Christen auf solche Reaktionen unserer Umgebung reagieren. Wünschen wir unseren Kritikern, etwa im vollen Bewußtsein unseres »wahren Glaubens«, vielleicht die Pest an den Hals? Reagieren wir so wie weiland Jakobus und Johannes, als sie Feuer vom Himmel herabbeten und Gott zum Komplizen nunmehr ihres Hasses machen wollten? Ich meine, die Antwort sei gar nicht so schwer. Jesus hat sie doch damals schon seinen eifernden und hassenden Schülern gegeben. *Er fuhr sie an!* In einem Teil der neutestamentlichen Überlieferung hat dieses Anfahren noch eine Deutung und Erweiterung erfahren. Es heißt in einigen alten Handschriften: *Und er sagte zu ihnen: Ihr wißt nicht, wes Geistes Kind ihr seid!* Das heißt: was für ein Geist aus euch spricht. Und gemeint ist: Der Ungeist des Hasses ist nie und nimmer der heilige Geist Gottes; ist auch nie und nimmer der Geist Jesu. Klaus Nientiedt, der Autor des bereits mehrfach zitierten Artikels, gibt auch eine Empfehlung für *unser* Verhalten heute, wenn er schreibt:

Konflikte sind mithin auch für die Zukunft vorgezeichnet. Für die Kirche wird viel davon abhängen, daß sie diese unvermeidlichen Auseinandersetzungen ... nicht denen überläßt, für die eine unüberbrückbare Gegnerschaft zwischen Glauben und moderner Welt ohnehin zum Glaubensbekenntnis gehört. Wo nicht ein Mindestmaß an Verständnis für die sich wandelnden Verhältnisse aufgebracht wird, verstärken sich die gegenseitigen Spannungen eher, als daß sie abgemildert werden. (A.a.O. 291)

Das heißt mit anderen Worten: Wir müssen wie Jesus den Eiferern in unserer Kirche wehren. Wir müssen und dürfen sie auch »anfahren«, wie Jesus seine blindwütigen Schüler Jakobus und Johannes damals angefahren hat. In der Auseinandersetzung mit anderen, auch wenn uns diese Auseinandersetzung von diesen anderen aufgezwungen wird, dürfen keine anderen Maßstäbe gelten als die, die Jesus seinen Schülern mit auf den Weg gegeben hat. Sein Geist war der Geist der Liebe. Und im übrigen heißt es – mehr als beziehungsreich – im *Reisebericht* des Lukas: Sie zogen weiter in ein anderes Dorf. Sie zogen weiter, heißt aber im Zusammenhang seines Evangeliums auch: weiter nach Jerusalem – nicht weiter zu einem vordergründigen Triumph und Sieg über andere, sondern weiter zum Kreuz. Das Kreuz Jesu wurde zum Sieg. Wenn Kirche und Christenheit das oftmals in ihrer Sieges- und Kriegesgeschichte vergessen haben, dann sollten wir heute jedenfalls Lukas dafür dankbar sein, daß er uns dieses kleine, kostbare Stück Überlieferung von Jesus in seinem Evangelienbuch aufbewahrt hat.

Das Wort vom »Menschenfischen«

Über »Securitate«, »Opus Dei« und Jesu Fangmethode

MATTÄUS 4,18–20

Als Jesus am See von Galiläa entlangging, sah er zwei Brüder, Simon, genannt Petrus, und seinen Bruder Andreas; sie warfen gerade ihr Netz in den See, denn sie waren Fischer. Da sagte er zu ihnen: Kommt her, folgt mir nach! Ich werde euch zu Menschenfischern machen. Sofort ließen sie ihre Netze liegen und folgten ihm.

Am Weihnachtstag 1989 wurde mit dem rumänischen Diktator Nicolae Ceaucescu im wörtlichen Sinne kurzer Prozeß gemacht. Mit seiner Erschießung ging eine 24jährige Schreckensherrschaft zu Ende. Die Schandtaten des Ceaucescu-Clans und seiner Geheimpolizei *Securitate* kamen nach und nach ans Tageslicht. Eine der furchtbarsten Nachrichten war eine Meldung, wonach man in Rumänien Mütter zum Kindergebären ermuntert hat, ihnen dann aber die Kinder wegnahm, die sie beim allgemein herrschenden Hunger nicht hätten ernähren können. Diese Kinder wurden bewußt in Waisenhäuser gegeben, damit sie dort elternlos aufwüchsen und von früh an als Nachwuchs für die verbrecherischen Kader der *Securitate* gedrillt würden. Die Rechnung ging auf. Denn wer keine Liebe, und sei es auch nur die von Pflegeeltern, in seiner Kindheit erfahren hat; wem man von frühester Jugend an Feindbilder eingepflanzt hat; wen man zu Haß und Kadavergehorsam erzogen hat, wie soll der in späteren Jahren zu Liebe und Mitgefühl gegenüber anderen Menschen fähig sein? Es nimmt darum kein Wunder, wenn solche menschlichen Krüppel dann während des Volksaufstandes auf andere wehrlose Menschen und immer wieder auch auf Kinder geschossen haben.
Die Ceausescu-Tyrannei ist kein Einzelfall in der Geschichte. Alle totalitären Systeme haben noch stets von ihren Anfängen an alle Aufmerksamkeit der Jugend gewidmet. Mit allen Mitteln und mit aller Raffinesse sollen die jungen Menschen eingefangen und für die jeweiligen Ziele der jeweiligen Partei oder Bewegung begeistert

werden. *Wer die Jugend hat, hat die Zukunft* – lautet noch immer die Parole. Und junge Menschen kann man begeistern; sie lassen sich ebenso leicht aufputschen, fanatisieren, entfesseln und für jedwede Zwecke mißbrauchen – und das in einem Ausmaß, das gerade die Betroffenen, die jungen Leute selbst, für völlig unmöglich halten und – jedenfalls für sich – immer wieder auch energisch bestreiten. Selbst nach den bitteren Erfahrungen unserer eigenen dunklen Vergangenheit wird sich das nicht ändern. Man mag durchaus lachen über das jahrhundertelang nachgebetete Wort des römischen Dichters Horaz, eines Hofpoeten des Kaisers Augustus: *Dúlce et décorúm est pró patriá mori – Süß und ehrenvoll ist's, fürs Vaterland zu sterben* (Oden IV, 12, 28). Man mag darüber lachen, es bleibt aber noch abzuwarten, ob es neuen politischen Rattenfängern nicht doch eines Tages wieder gelingt, mit neuen Parolen neuen Fanatismus und neuen Nationalismus in unserem Land zu wecken. Schauen wir nur gut in unseren Tagen nach Aserbeidschan und Armenien, nach Serbien und Bosnien und Kroatien, aber schauen wir auch nach Berlin, nach Hamburg, nach Hoyerswerda und wo immer sonst ein jugendlicher Pöbel sich mit der Polizei Straßenschlachten liefert oder Fahnen schwenkend und Parolen schreiend einhermarschiert.
Die Rede war von politischen Rattenfängern. Im Evangelium spricht Jesus von Menschenfischern, zu denen er seine Schüler ausbilden wolle – also all jene, die mit ihm gehen und die sich auch seinen Ideen anschließen würden. Die Schriftausleger halten das Wort von den Menschenfischern für ein echtes Jesuswort. Als Markus und auch Mattäus es in ihre Jesusbücher aufnahmen, hatte die junge Christenheit schon viel Erfahrung mit dem Menschenfischen und Menschenfangen. Ihre Missionare zogen allenthalben aus als Menschenfänger. Das Wort vom Menschenfischen hat auf den ersten Blick einen negativen, ja sogar bedrohlichen Klang – etwa in dem Gottesspruch beim Propheten Jeremia:

Seht, ich hole viele Fischer, die sollen sie fangen; dann hole ich viele Jäger, die sollen sie erlegen auf jedem Berg und Hügel und in den Felsenklüften. Denn meine Augen sehen alle ihre Wege; sie können sich vor mir nicht verstecken, und ihre Schuld ist vor meinen Augen nicht verborgen. (16,16–17)

Niemand wird annehmen, daß Jesus mit seinem Wort vom Menschenfischen an ein solches Prophetenwort habe anknüpfen wollen. Niemand wird auch glauben, daß er seine künftigen Schüler mit der Aufforderung zur Nachfolge in eine Art Kaderschmiede habe aufnehmen wollen, in der sie zu nichts anderem als zum Gehorsam und zur bedingungslosen Erfüllung seiner Befehle hätten erzogen werden sollen. Und auch der Apostel Paulus, der wohl größte »Menschenfänger« der frühen Kirche, hat seinen Missionsauftrag ja kaum in einer solchen Weise verstanden. So schrieb er seiner Gemeinde in Korinth in Erinnerung an sein erstes Auftreten in dieser Stadt:

Als ich zu euch kam, kam ich nicht, um mit Worten zu glänzen oder gescheit zu reden. Ich war gekommen, um Gottes Botschaft mitzuteilen ... Ich war schwach und hatte Angst, zitternd und bebend stand ich vor euch. Ich wollte euch nicht überreden, noch mit Propaganda gewinnen. Der Geist meiner Botschaft und die innere Kraft meiner Predigt taten ihre Wirkung. Euer Glaube sollte nicht auf schwachen menschlichen Füßen stehen, sondern in der Kraft Gottes gründen. (1 Kor 2,1–5; eigene Übertragung)

Es ist nicht immer in der Kirche Jesu so missioniert worden. Mit Feuer und Schwert sind jahrhundertelang Menschen gefangen und – gejagt worden. Wer von den Indios sich in Lateinamerika nicht taufen und nicht zugleich versklaven lassen wollte, der wurde umgebracht – »im Namen Jesu«, der seine Schüler einst gelehrt hatte, Menschen für Gottes Reich zu fangen – nicht, um sie dann gefangen zu halten, sondern um ihnen die wahre Freiheit zu schenken. Jesus hat das Wort vom Menschenfischen gebraucht, aber er hat weder Netze noch Angelhaken im Umgang mit den Menschen empfohlen. Der Evangelist Johannes legt ihm denn auch mit vollem Recht die Worte in den Mund: *Daran sollen alle Menschen erkennen, daß ihr meine* – meine und nicht eines andern! – *Schüler seid, daß ihr einander liebt,* daß ihr liebevoll miteinander umgeht (13,35).

Kann man das eigentlich mißverstehen? Das alles ist doch so klar und zugleich so einfach. Warum nur ist es nicht auch so – überall, wo Christen, wo Schüler Jesu leben? Derzeit macht sich wieder allenthalben in der Kirche der Fanatismus breit – Glaubensfanatismus, Rechthaberei, Intoleranz, Verurteilung, Verleumdung, Beschimpfung, Verdächtigung, Ehrabschneidung bis hin zum blanken Haß. Es geht bei uns gegenwärtig schlimmer zu als in des Paulus Tagen in Korinth. Und Paulus hatte wahrhaftig allen Grund zur Klage:

Brüder [und Schwestern], *im Namen Jesu Christi rufe ich euch auf: Seid einig! Bildet keine Gruppen, die sich gegenseitig bekämpfen! Haltet in gleicher Gesinnung und Überzeugung zusammen! Durch Leute aus dem Haus unserer Schwester Chloë habe ich erfahren, liebe Brüder* [und Schwestern], *daß es unter euch Streitigkeiten gibt. Ihr wißt, was ich meine. Der eine sagt: »Ich gehöre zu Paulus!« Der andere: »Ich zu Apollos!« Der dritte: »Ich zu Petrus!« Und wieder ein anderer: »Ich zu Christus!« Christus läßt sich doch nicht zerteilen! Ist vielleicht Paulus für euch am Kreuz gestorben? Oder wurdet ihr auf seinen Namen getauft?* (1 Kor 1,10–13; nach: Gute Nachricht)

So lobenswert es an sich auch ist, wenn ein Bischof von seiner einsamen Lehrkanzel einmal heruntersteigt und sich persönlich in die Arena der Kämpfenden begibt – in Fernsehdiskussionen, in Zeitungsartikeln oder Leserbriefen –, so betroffen macht es einen zugleich, wenn dabei dann von seiner Seite in einem gebetsmühlenartigen *Om mani padme hum* nicht Argumente getauscht, sondern nur Sätze und Formeln wiederholt werden. Schlimmer und bedrückender ist es jedoch, wenn ein solcher Bischof – ich übergehe den konkreten Namen – dann auch noch sein Gegenüber zu einer Art Selbstexkommunikation auffordert, indem er in einem kirchlichen Presseorgan verlauten läßt:

Jeder Priester hat den Auftrag zur Predigt und zur Feier der Eucharistie, um den Glauben der Kirche zu verkünden und die Eucharistie im Sinne der Kirche zu feiern. Wäre es nicht konsequent, wenn Herr Dr. Drewermann angesichts seiner abweichenden Meinungen von sich aus auf die Predigt und die Feier der Eucharistie verzichten würde? (Februar 1992)

Sollen wir nun unsererseits den Bischof einer »abweichenden Meinung« zeihen, wie seine nur schlecht verhüllte Umschreibung für Irrlehre und Häresie hier lautet? Verwendet er denn seine Begriffe – *Priester, Feier der Eucharistie, Kirche* – nicht in einem ausgesprochen antiquierten theologischen Verständnishorizont? Ist uns denn nicht schon lange wieder bekannt, daß die Gemeinde Jesu – und nicht schon der Priester als solcher – die Eucharistie, das Mahl des Herrn, feiert? Und ist die Gemeinde nicht voll und ganz Kirche Jesu, wenn sie sich nur »in seinem Namen«, das heißt in seinem Geiste, als eine Gemeinschaft von Brüdern und Schwestern, um seinen Tisch versammelt und wenn er, dem Wort seiner Verheißung gemäß, dann mitten unter ihnen weilt? Betroffener macht freilich die Aufforderung zur Selbstexkommunikation. Im Munde eines Bischofs ist sie Exkommunikation, in »weltlicher« Sprache zugleich Diffamierung! Niemand sage: Von Ausschluß aus der Eucharistiegemeinschaft, von Exkommunikation also, ist doch keine Rede. Ich sage: Kanonistisches, juristisches Papperlapapp! Wer – wegen »abweichender Meinungen« – ausgeschlossen werden soll oder »unwürdig« sein soll, der Eucharistie der Gemeinde als Priester vorzustehen, der soll, sofern er sich künftig nur »in die Bank« und zu den »Laien« setzt, miteingeschlossen bleiben? Das nenne ich einen antiquierten theologischen Horizont!
Sehr betroffen hat mich vor einiger Zeit der Brief eines Freundes gemacht, der nach seiner Pensionierung noch bereit war, in einer Kirchenzeitungsredaktion mitzuarbeiten. Er schrieb mir – und warum sollte ich es hier nicht öffentlich mitteilen, auch wenn diese Art christlicher Wirklichkeit meist von den sogenannten »Gläubigen« ferngehalten wird? Da steht also im Brief des Kollegen:

Im letzten halben Jahr habe ich erst richtig kennengelernt, mit welchen Mitteln und mit welchen Bandagen in der Kirche gearbeitet wird ... Ich habe selten so viel an Infamie und an Intrigen erlebt wie in dieser Zeit ... Inzwischen weiß ich um die Formel: Ich bringe dich um – im Namen des Vaters und des Sohnes und des Heiligen Geistes. (9. Januar 1990)

Der letzte Satz ist besonders bitter und der Anklang an die christliche Taufformel unüberhörbar. Doch nicht: *Ich taufe dich*, ich bringe

dir das Heil im Namen des Vaters ..., sondern: Ich bringe dich um – im Namen Gottes, im Namen des »rechten Glaubens«. Die Leserbriefseiten einiger – nicht aller! – Kirchenblätter scheinen oft mehr eine Kloake frommer Fanatiker zu sein als eine Stätte der Begegnung verschiedener Menschen und Meinungen in der einen Kirche Jesu. Wenn das aber schon beim Gedruckten der Fall ist, was muß dann erst an Nicht-Druckbarem auf dem Tisch einer Redaktion landen? Menschenfischer, Menschenfänger, Menschenjäger! So gesehen und angesichts unserer traurigen kirchlichen Wirklichkeit darf das Evangelium vom Menschenfischen keineswegs mehr nur ein harmloses Feiertagsthema für Primizpredigten sein.
Hoffentlich wird niemand jetzt glauben, daß mit dieser »traurigen kirchlichen Wirklichkeit« nur aggressive, leserbriefschreibende sogenannte »Laien« aufs Korn genommen würden. Denn wo der Same des Fanatismus aufgeht, da ist er doch wohl zuvor von jemand anders gesät worden. Und es gibt solche Sämänner in der nachkonziliaren Kirche zuhauf. Der verstorbene Erzbischof Marcel Lefebvre sollte eigentlich keiner besonderen Erwähnung mehr bedürfen. Sein Name ist allzu bekannt. Anfang der 80er Jahre habe ich, ziemlich zufällig und auf der Rückreise aus dem Urlaub, in Ecône eine seiner Priesterweihen miterlebt, aber auch seine Haßtiraden gegen den Papst in Rom. Der unglückselige, vom Limburger Bischof Kempf suspendierte und später von einem religiösen Irren grauenvoll ermordete Pfarrer Hans Milch hat Lefebvres Ausfälle damals ins Deutsche übersetzt. Lefebvre ist tot. Zu leicht wird jedoch vergessen, welch zerstörerische Wirkung – bis in unsere Gemeinden hinein – noch immer von diesem alten Wirrkopf ausgeht. Was heißt denn schon, daß er mit seinem Anhang seinerzeit aus der Kirche ausgeschlossen worden sei? Einen Teil dieses fanatisierten Anhangs hat er uns doch in der sogenannten *Priesterbruderschaft Sankt Petrus* mit vatikanischer Gutheißung dagelassen. Hier ist eine Kaderschmiede für Menschenfänger entstanden, bei der einem angst und bange werden kann. Aber die deutschsprachigen Kurienkardinäle Joseph Ratzinger, Augustinus Mayer und Alfons Stickler hofieren sie ebenso wie der Salzburger Erzbischof Georg Eder. »Sankt Petrus« ist leider nicht der einzige reaktionäre

Vorposten der Leute von vorgestern in unserer Kirche. So treibt vor allem in Österreich, aber auch bereits in einigen süddeutschen Diözesen das sogenannte *Engelwerk* sein Unwesen. Mittlerweile graust es selbst manchem Bischof vor der theologischen Unbedarftheit, die hier herangezüchtet wird und die auf die Christenheit doch einmal auch losgelassen werden soll. 1988 haben wenigstens die Bischöfe von München und Passau die Konsequenzen gezogen und per Dekret den Engelwerkspriestern jede Verkündigungstätigkeit in ihren Diözesen verboten.

Nicht zuletzt gehört auch das bereits erwähnte, berüchtigte *Opus Dei* in diesen Zusammenhang. Sein provozierender Name bedeutet schlicht: *Das Werk Gottes*. Mag dieses »Werk« sich beim derzeitigen römischen Papst auch noch so großer Beliebtheit erfreuen, es ist nichtsdestoweniger eine ebenso ernstzunehmende wie beängstigende Kadertruppe und befördert den Marsch weiter Kirchenkreise zurück hinter den Stacheldraht und die ideologischen Mauern der Vergangenheit. 1983 hat der damalige Theologiestudent Klaus Steigleder, der dem Opus fünf Jahre lang angehört hatte, eine, wie er es nennt, *Innenansicht* dieser geheimnisumwobenen, aus spanischer Mentalität geborenen Gemeinschaft veröffentlicht, die ihren Mitgliedern absoluten geistlichen Gehorsam abverlangt und deren Handbuch *Der Weg* – nicht nur mir – einen absolut sicheren Weg zur Neurose zu weisen scheint. Daß sein Verfasser jetzt trotzdem in einer Art Blitzverfahren seliggesprochen wurde, nimmt im derzeitigen römischen Klima kaum Wunder.

Wer sich mehr und vor allem zuverlässig über die mehr als einmal ins Zwielicht geratenen Aktivitäten dieses »Werkes Gottes« informieren möchte, dem sei die von dem Regensburger Theologieprofessor Wolfgang Beinert 1991 im Verlag Pustet, Regensburg, herausgegebene Dokumentation empfohlen: *»Katholischer« Fundamentalismus. Häretische Gruppen in der Kirche?* Zu den Mitarbeitern des Buches gehören neben dem Opus-Dei-Experten Peter Hertel auch Professor Ludwig Bertsch SJ mit einem kritischen Beitrag über die lefebvreschen »Reste« in unserer Kirche und der Münchener Weihbischof Heinrich Graf von Soden-Fraunhofen, der das verrückte und unheimliche *Engelwerk* mit ebenso großer Sachkenntnis wie bewundernswerter Sachlichkeit analysiert. Hier soll abschließend der schon erwähnte Theologe Klaus Steigleder zu Wort kommen. Als ehemaliges Opus-Dei-Mitglied und aus eigener leidvoller Erfahrung heraus weiß er, wovor er warnt:

Daß es dem Opus Dei gelingt, im Gewand einer heute eher selten gewordenen Kirchlichkeit zu erscheinen, mit ebenso angestrebter wie vermeintlicher Treue zur Hierarchie und dem, was diese als Lehre der Kirche vorstellt, verstellte bisher vielen Bischöfen und Päpsten den Blick für das, was die Realität des Opus Dei ist. Das ließ warnende Stimmen, die nicht gefehlt haben, bisher als unwahr erscheinen und nicht ernst nehmen. Das Gewand scheinbarer Kirchlichkeit, das oftmals verdeckte Auftreten des Opus Dei, die Fülle an Falschinformationen und der Mangel an Kenntnis über die Vereinigung bewirkten und bewirken eine verhängnisvolle Sorglosigkeit und ein tragisches Zutrauen gegenüber dem Opus Dei bei Eltern und Seelsorgern. Sie seien eindringlichst gewarnt! (Das Opus Dei – eine Innenansicht, 280 f.)

Auch in unserer Kirche gibt es also Vereinigungen, die ausgesprochenen Sektencharakter tragen, und wie bei den sogenannten Jugendsekten gilt auch von diesen Gruppen innerhalb der Kirche: Wer ihnen einmal verfallen ist, der wird sich nur äußerst schwer wieder aus ihren Fängen befreien können. Gerade junge Menschen erliegen erfahrungsgemäß der Faszination, die von der vermeintlichen Unbedingtheit einer solchen Gemeinschaft, von ihrer Zielstrebigkeit, von ihrer Kompromißlosigkeit, aber auch von ihrer Intoleranz und Einseitigkeit ausgeht. Diese Gruppen verstehen es in der Tat, Menschen zu fangen und sich hörig zu machen. Sie alle haben auch Kaderstrukturen ausgebildet, die in vielen Details denen gleichen, über die wir derzeit bei jeder neuen STASI-Enthüllung immer wieder zutiefst erschrecken. Die oft völlige Entfremdung vom Elternhaus und die Züchtung eines elitären Bewußtseins, also des Gefühls, etwas Besonderes in der Kirche zu sein, bedingungsloser Gehorsam gegenüber den Weisungen sogenannter geistlicher Führer – all das sind Alarmsignale, daß hier Mißbrauch mit Menschen getrieben wird; daß hier vornehmlich junge Menschen gefangen werden, nicht um sie frei zu machen, sondern um sie in Beschlag zu nehmen für die eigene Ideologie.
Mit Jesus von Nazaret, mit seiner Schülerwerbung und Schülerun-

terweisung hat das alles auch dann nichts zu tun, wenn es im Bereich der Kirche oder sogar mit römischem Wohlgefallen geschieht. Priesterseminare und andere Institute als Kaderschulen für Menschenfänger sind und bleiben ein Greuel und ein Verbrechen sowohl an den betroffenen Menschen wie auch an der Botschaft Jesu. Daß er seinen Schülern am Abend vor seiner Passion die Füße gewaschen, ihnen also den Dienst eines Sklaven getan hat, das war weder eine liturgische Pflichtübung noch auch ein bloßer Feiertagsritus. Es war die beste und ehrlichste Werbung für seine Gemeinschaft, die ich mir denken kann. Den Menschen dienen, nicht sie dienstbar machen! So und nicht anders »fischt« man Menschen, gewinnt man sie noch immer für die Nachfolge Jesu. Denn – das singen wir doch am Gründonnerstag: *Wo die Güte und die Liebe, da* – und nur da! – *ist Gott.*

Wenn Ehrfurcht zur Manie wird

Von pubertären Auffälligkeiten und geistlichem Terrorismus beim Empfang der Eucharistie

Johannes 6,51

Jesus sagte: Ich bin das lebendige Brot, das vom Himmel herabgekommen ist. Wer von diesem Brot ißt, wird in Ewigkeit leben. Das Brot, das ich geben werde, ist mein Fleisch für das Leben der Welt.

Es ist eine Eigenart des Evangelisten Johannes, daß er das, was er selbst seiner Gemeinde – und seinen Lesern! – predigen will, in seinem Evangelium sehr oft von Jesus sprechen läßt. Auch heutige Prediger tun im Grunde nichts anderes, wenn sie etwa sagen: *Jesus hat gewollt* … oder: *Jesus hat gemeint* … Wenn wir fragen, ob ein Prediger das darf – seine Worte und seine Gedanken in dieser Weise Jesus in den Mund legen, dann lautet die Antwort schlicht: Ja – er darf das, vorausgesetzt – aber wirklich vorausgesetzt: daß seine Gedanken im Geiste Jesu gedacht und seine Worte im Geiste Jesu gesprochen sind, mit anderen Worten: daß er selbst seinen Herrn und Meister verstanden hat und daß er ihn – und wirklich nur ihn und nicht bloß sich selbst – vor seiner Gemeinde zu Gehör bringt.

Christen mit einem mehr kindlichen als erwachsenen Glauben werden hier ihre Bedenken haben. Fundamentalisten werden gar mit den Flügeln schlagen und laut protestieren: Ja, wo kommen wir denn hin, wenn alles, was in unserer Bibel steht, sich nicht wirklich auch so zugetragen hat und wenn auch die Worte nicht wirklich so gesprochen worden sind, wie sie da stehen? Wer so argumentiert, hat es leichter als alle, die sich ernsthaft um die rechte Auslegung der biblischen Schriften bemühen. Er hat ja keine Mühe; er braucht nicht viel nachzudenken, wie die Texte der biblischen Bücher entstanden sind oder was sich ihre Verfasser gedacht haben und welche Absicht sie verfolgten, als sie ihre Jesusgeschichten und Jesusworte sammelten und sich daranmachten, das Überlieferte zu sichten, zu ordnen und in ihren Büchern weiterzugeben. All das ist für Fundamentalisten kein Problem: Es war ja doch alles genau so, wie es da steht. Das Thema soll hier nicht vertieft werden. Angesichts dieser heute wieder um sich greifenden Geisteshaltung darf aber doch wohl die Frage erlaubt sein, was unsere Evangelisten denn eigentlich ihren Gemeinden und auch ihren Lesern weitervermitteln und überliefern wollten – von Jesus gesprochene Wörter, mehr oder minder wortwörtlich, oder aber vielmehr den Geist Jesu, den Geist, aus dem er lebte und zu seinem Vater im Himmel betete, in dem er den Menschen begegnete und seine Schüler um sich sammelte, in dem er sprach und in dem er handelte?

Im Wort Jesu, das zugleich ein Wort des Johannes ist, ist von der Eucharistie die Rede. Es ist eine bildhafte Rede, und die Bilder sind das *Brot des Lebens* und Jesu *Fleisch für das Leben der Welt*. Von einem ist sicher nicht die Rede: davon, daß die Menschen diese Gabe Jesu mit Angst und Furcht empfangen sollten, allzeit mit der bangen Frage auf den Lippen: Bin ich nun würdig oder unwürdig, dieses *Brot des Lebens*, dieses Brot *für mein Leben* zu empfangen? Diese Frage hat gewiß auch ihre Berechtigung, und sie wird auch im Neuen Testament, zum Beispiel vom Apostel Paulus, erörtert (vgl. 1 Kor 11,17–34), aber sie steht nicht an erster Stelle, und sie sollte auch für uns nicht an erster Stelle stehen, so, wie es jahrhundertelang in unserer Christenheit üblich war. Angst und Furcht gehören nicht zum Vorfeld der Eucharistie. Angst und Furcht gehören auch nicht zu den Worten, die der Evangelist als ein Verkünder des Evangeliums aus dem Geiste Jesu in seiner Jesuspredigt seinem Herrn und Lehrer in den Mund legt. Das mag eine Beobachtung vorweg sein.

Der Pfarrer einer benachbarten Gemeinde bittet mich ab und zu einmal, ihn im Gottesdienst seiner Gemeinde zu vertreten. Nun hat jede Gemeinde auch ihren eigenen Stil, den Gottesdienst zu feiern. Es ist meist der Stil des Pfarrers. Als Pfarrer und Leiter der gottesdienstlichen Versammlung hat man sich im Laufe der Jahre ja so seinen eigenen Stil gebildet, vielleicht auch nur einfach angewöhnt. Das alles gehört zur Vielfalt unseres menschlichen Lebens, sozusagen zur Bandbreite in unserem alltäglichen Verhalten. Da wird doch eine nette kleine Geschichte erzählt:

Die Lehrerin fragt im Religionsunterricht: Wer kann mir sagen, warum wir die heilige Messe manchmal auch »Herrenmahl« nennen. Nach einer längeren Denkpause meldet sich jemand und sagt: Weil es die Herren *Pfarrer* mal *so und* mal *so bei der Messe machen.*

Gewiß eine Geschichte zum Schmunzeln und – mit mehr als nur einem Körnchen Wahrheit. Doch solange unser Verhalten, auch das eines Pfarrers, innerhalb einer gewissen Bandbreite bleibt, wird niemand daran Anstoß nehmen, ja, es wird oft nicht einmal auffallen, wenn wir dies oder jenes eben so und nicht anders machen. Es wird solange nicht auffallen, wie wir das, was wir tun, unauffällig tun. Und vielleicht ist das auch eine Art Grenzziehung für Christen – aus christlicher Gesinnung heraus: daß wir das, was wir in unserem Leben wie in unserem Gottesdienst tun, unauffällig tun.

Da war in besagter Gemeinde ein junger Mann, der sich sehr auffällig benahm – für mich jedenfalls, der ich die Gemeinde kaum kenne. Ich teilte die Kommunion aus zusammen mit einer jungen Frau, die in der Gemeinde Lektorin und Kommunionhelferin ist. Der junge Mann kam zu mir – als dem Priester –, und ich vermute, mit Absicht. Vor mir warf er sich mit Wucht auf beide Knie und, ich hatte das schon nicht mehr anders erwartet, machte den Mund auf – zur sogenannten »Mundkommunion«. Dann stand er auf, etwas unbeholfen, ging einen Schritt zur Seite und machte dort noch einmal eine Kniebeuge, bevor er sich umdrehte und zurückging. Nun habe ich persönlich absolut keine Probleme mit der Art und Weise, wie jemand die Kommunion zu empfangen wünscht. Es müßte schon jemand kommen und vor mir vorne einen Kopfstand machen, bevor ich ihm zur Art und Weise seines Kommunionempfangs auch nur ein Wort des Tadels sagen würde. Ich persönlich ziehe aber, gerade auch beim Austeilen der Kommunion, die sogenannte »Handkommunion« vor – und zwar ausschließlich aus hygienischen Gründen. Es ist für den Austeilenden und auch für die folgenden Kommunikanten nicht unbedingt appetitlich, wenn die Finger mit dem Speichel eines Kommunizierenden in Berührung kommen. Das läßt sich aber kaum ganz vermeiden, sei es darum, weil der eine oder andere sich beim Empfang der Kommunion ungeschickt anstellt oder auch weil dem Austeilenden die Finger klamm sind vor Kälte oder bereits zittrig vom Alter. Die Hygiene ist also der einzige Grund, den ich gelten lasse, wenn es darum geht, eine bestimmte Form des Kommunionempfangs gutzuheißen oder nicht; und über Hygiene brauchen wir mit unseren heutigen medizinischen Kenntnissen gewiß nicht zu diskutieren.

Die Art und Weise des Kommunionempfangs hat also absolut nichts mit jener Ehrfurcht zu tun, die von ultra-konservativen Kreisen in unserer Kirche immer wieder und völlig zu Unrecht und oftmals in liebloser und gehässiger Weise ins Spiel gebracht wird. Es hat auch nichts mit mehr oder weniger Ehrfurcht zu tun, ob ich die Kommunion stehend oder kniend empfange. Ehrfurcht ist zunächst und zuallererst eine Sache des Herzens und nicht einer starren äußeren Form. Ich selbst kann von mir nur sagen, daß ich keinerlei Hemmungen empfinde, mich zum Empfang der heiligen Kommunion an eine Kommunionbank hinzuknien, wenn es irgendwo eine solche noch gibt und wenn der Brauch, sich in einer Reihe hinzuknien, in der betreffenden Gemeinde noch üblich ist. Ich sage es noch einmal: Mit größerer oder geringerer Ehrfurcht hat das alles nichts zu tun. Wohl aber damit, daß man sich nicht auffällig im Gottesdienst aufführt; daß man als Christ unter Christen nicht aus der Rolle fällt. Man kann natürlich fragen, warum Menschen überhaupt aus der Rolle fallen, warum sie sich auffällig benehmen, sich auffällig kleiden, auffällig lachen, auffällig reden oder auch auffällig zur Kommunion gehen.

Die Gründe können vielfältig sein. Wer auffallen will, will bei anderen, bewußt oder unbewußt, Beachtung hervorrufen. Diese Art von Auffälligkeit ist ein typisches Verhalten in der Pubertät, und die kann bei vielen Menschen sehr, sehr lange dauern. Viele Heranwachsende fühlen sich ausgesprochen unsicher in diesem Zwischenzustand zwischen Nicht-mehr-Kind- und Noch-nicht-erwachsen-Sein. So versuchen sie aufzufallen, sich öffentlich hervorzutun, anderen zu imponieren, und die moderne Verhaltensforschung spricht mit Konrad Lorenz nicht nur bei den Gänserichen, den Gantern, sondern auch bei den Menschen vom Imponiergehabe. Jede Fußballmeisterschaft mit ihren halbwüchsigen, randalierenden Fans liefert uns dafür die Beweise. Aber wir brauchen diese Spur im Falle des jungen Mannes beim Kommunionempfang sicher nicht weiterzuverfolgen. Ich bin sicher, daß sein auffälliges Verhalten – allein und als einziger im Gottesdienst seiner Gemeinde so zu kommunizieren – das Ergebnis einer sehr unglücklichen Mischung war: von persönlich gutem Willen einerseits und von einer unkontrollierten Hörigkeit gegenüber jenen fanatisierten traditionalistischen Kreisen, die sich immer stärker in unserer Kirche zu Wort melden.

So wurden Mitte 1990 von einer Heidelberger Postfachadresse aus gehäuft an Priester und Laien Schreiben verschickt, die den Brauch des Kommunionempfangs in die ausgestreckte Hand verteufelten und in zehn Punkten als *sakrilegisch, frevlerisch, unverantwortlich, illegitim, illegal, diabolisch, anthropozentrisch, protestantisch, häretisch und apokalyptisch* bezeichneten. Man muß schon sagen: eine geballte Ladung! Als Absender wurde außer dem Postfach nur angegeben: *Sanctus – Eucharistische Bewegung zur Verherrlichung Gottes.* Die giftigen Köche dieses Pamphlets blieben somit fürs erste im Dunkel der Anonymität. Aus dem Hinterhalt schossen sie ihre Pfeile ab. *Handkommunion ist Sünde* – lautete die dummdreiste Überschrift. Daß diese giftige Saat bei schwachen Geistern, bei denen, die die Geister nicht unterscheiden können, aufgeht und dann auch inmitten einer normalen Gemeinde so seltsame und auffällige Früchte trägt, ist gewiß bedauerlich und bedrückend – zuallererst freilich im Hinblick auf die gutwilligen Menschen, die von solchen, zum Teil sicher auch geistlichen, Terroristen religiös und seelisch verbogen werden. *Geistlicher Terrorismus!* – anders läßt es sich wahrhaftig nicht charakterisieren, wenn von solchen Hetzaposteln *sakrilegisch,* also gotteslästerlich, *diabolisch,* also teuflisch, und *protestantisch* im gleichen Atemzug genannt werden.

Ich habe mit Absicht hier solche harten Worte gewählt. Von den Lehrern und Erziehern heißt es im Buche Daniel: *Die, die viele zum rechten Tun geführt haben, werden wie die Sterne leuchten* (12,3). Es gibt aber auch ein Wort im Munde Jesu: *Wer einen von diesen Kleinen, die an mich glauben, zum Bösen verführt, für den wäre es besser, wenn er mit einem Mühlstein um den Hals ins Meer geworfen würde* (Mk 9,42). Verführung – damit ist nicht nur eine Anleitung zum Stehlen, zum

Lügen oder zu sonst einer Gaunerei gemeint; Verführung ist auch jedes seelische Verbiegen: wenn ich einen anderen zu einem religiösen Krüppel mache. Das aber geschieht noch immer in gewissen Kreisen unserer Kirche.
Was ist denn aber nun die rechte Ehrfurcht beim Empfang der heiligen Kommunion, wenn diese Ehrfurcht weder mit dem Mund noch mit der Hand bekundet wird und wenn sie weder im Stehen noch im Knien ihren Ausdruck findet? Ehrfurcht, so lautet eine Definition, ist *das staunende Wahrnehmen eines Größeren*. Über den oder das Größere kann ich nicht verfügen. Einer, der größer ist, ist zweifellos Gott. Es kann aber auch ein Mensch sein, den ich bewundere, den ich verehre, dem ich verpflichtet bin. Etwas, das größer ist als ich, ist auch das Leben. *Ehrfurcht vor dem Leben* – man braucht das nur auszusprechen, um zu spüren, wie bedroht und gefährdet die Ehrfurcht heute bei vielen Menschen ist. Man ahnt aber wohl zugleich auch, daß man Ehrfurcht letztlich nicht kommandieren, nicht mit Gesetzen absichern und nicht in ein Korsett fester Regeln und Formen pressen kann. Ehrfurcht ist eine Sache des Herzens. Dort muß sie wachsen; von dort muß sie nach außen dringen und sich erweisen. Dabei ändern sich die Ausdrucksformen der Ehrfurcht im Laufe der geschichtlichen Entwicklung; sie sind auch verschieden von Kultur zu Kultur, ja, in vielem schon von Mensch zu Mensch. Über Ehrfurcht lesen wir in einem neueren *Pastoral-liturgischen Handlexikon*:

Die Ausdrucksform der Ehrfurcht (hat sich) verändert: Ehrfurcht vor dem Gotteswort zeigt sich nicht mehr im Gebrauch einer toten, dem Alltagsgebrauch entzogenen Sprache [dem Latein], *sondern in der dankbaren Annahme der Tatsache, daß Gott uns in der Muttersprache anreden will; Ehrfurcht vor dem Geheimnis der Wandlung zeigt sich nicht mehr darin, daß man Brot in ungewohnter Farbe und Form verwendet, sondern dankbar anerkennt, daß Christus unser tägliches Brot in die Hand nimmt. Auch das Objekt der Ehrfurcht tritt uns anders gegenüber, weil Christi Gegenwart in der gottesdienstlichen Feier nicht mehr so ausschließlich in den eucharistischen Gestalten* [von Brot und Wein] *gesehen wird, sondern schon in der Versammlung der Gläubigen ... Ehrfurcht zeigt sich darum nicht nur in der Kniebeuge vor dem Allerheiligsten, sondern ebenso im Respekt des Priesters vor der versammelten Gemeinde, in seinem Umgang mit dem Wort, in der Art und Weise des Singens, allgemein in der Zuwendung zur Person vor der Verehrung der geisterfüllten Sache.* (A. Adam/R. Berger, a.a.O. 115)

Man muß schon sehr in seinem Horizont und in seinem Denken beschränkt sein, um dem hier Gesagten nicht voll zuzustimmen. Wir werden jedoch mit menschlicher und christlicher Beschränktheit leben müssen. Was wir nicht dürfen, ist freilich, uns von der Beschränktheit und Ängstlichkeit und Skrupulosität einiger wenigen und erst recht nicht von dem damit zumeist verbundenen Fanatismus und Unfehlbarkeitsfimmel ultra-orthodoxer und traditionalistischer Kreise in unserer eigenen Haltung beeinträchtigen zu lassen. Auch wenn ich gewisse Auffälligkeiten im Verhalten von Christenmenschen in ihrer Gemeinde und gegenüber ihren Mitchristen zunächst nicht weiter in Richtung eines pubertären und eigentlich noch vormenschlich zu nennenden Imponiergehabens deuten wollte, so schließt sich, wie mir scheint, dennoch jetzt der Kreis unserer Überlegungen in eben dieser Richtung.
Was von uns als Christen in unserer Zeit verlangt wird, ist ein mündiges und kein unmündiges, ein auf sicherem Fundament stehendes und kein pubertär unsicheres und darum sich fanatisch gebärdendes und immer wieder aus der Rolle fallendes, auffälliges Tun und Lassen in unserem Christenleben. Es hat Zeiten gegeben – und sie sind anscheinend noch nicht überall in unserer Kirche vorbei –, da hat man von seiten einer ebenfalls unmündigen Geistlichkeit die Christen wie Unmündige gehalten – mit einer Vorschriften-, Sündenangst- und Dressurpädagogik. Es liegt ganz und gar an uns, ob wir unsere Ehrfurcht gegenüber Gott und gegenüber allen mit uns zusammen zum Tisch des Herrn geladenen Brüdern und Schwestern tief in unserem Herzen verankern und festigen. Wenn wir das jedoch tun und wenn wir stets mit Ehrfurcht unseren Gottesdienst feiern und auch mit Ehrfurcht zum Tisch des Herrn hinzutreten, dann sind alle äußeren Formen solcher Ehrfurcht zwangsläufig zweitrangig und nicht von entscheidender Bedeutung. Dann dürfen wir uns auch mit Recht gegen den Staub der Vergangenheit zur Wehr setzen. Die, die ihn

heute so vehement wieder aufwirbeln, lassen ja vor allem und gerade die Ehrfurcht vermissen. Denn »Handkommunion« an sich kann niemals Sünde sein; Sünde ist immer nur die Lieblosigkeit, die fanatische Überheblichkeit und die penetrante Gehässigkeit, mit der man über andere Gericht hält und sie zu seinen eigenen Beschränktheiten zu zwingen sucht.

KLERIKALISMUS

»Hohe« Priester

Die zebedaïtische Häresie

HEBRÄER 4,14–16

Da wir nun einen erhabenen Hohenpriester haben, der die Himmel durchschritten hat, Jesus, den Sohn Gottes, laßt uns an dem Bekenntnis festhalten. Wir haben ja nicht einen Hohenpriester, der nicht mitfühlen könnte mit unserer Schwäche, sondern einen, der in allem wie wir in Versuchung geführt worden ist, aber nicht gesündigt hat. Laßt uns alle voll Zuversicht hingehen zum Thron der Gnade, damit wir Erbarmen und Gnade finden und so Hilfe erlangen zur rechten Zeit.

Hier lesen wir die zentrale Aussage des Hebräerbriefes. Sinngemäß lautet sie: Wir Christen haben einen großartigen Hohenpriester, und das ist Jesus. Als der Hebräerbrief – gegen Ende des ersten Jahrhunderts, etwa um das Jahr 90 – geschrieben wurde, gab es bei den Juden keine Hohenpriester mehr. Das jüdische Hohepriestertum war mit der Zerstörung Jerusalems und des dortigen Tempels im Jahre 70 erloschen. Die Befugnisse und Amtspflichten des Hohenpriesters werden in der Tora, dem *Gesetz* oder besser: der *Weisung* des Mose, beschrieben. Nur einmal im Jahr, am großen Versöhnungstag, dem Jom Kippur, der noch heute der heiligste Tag im jüdischen Festkalender ist, durfte der Hohepriester das Allerheiligste, das innerste Heiligtum des Tempels, betreten, einen fensterlosen Raum, in dem vor der Zerstörung des ersten, salomonischen Tempels die sogenannte Bundeslade stand. Nach der Rückkehr aus dem Babylonischen Exil und dem Wiederaufbau des Tempels war das Allerheiligste leer.
Die Geschichte des Hohenpriestertums ist teilweise eine sehr verworrene und oft auch skandalöse Geschichte. Ursprünglich

war das Hohepriesteramt erblich und wurde auf Lebenszeit übertragen. Nur Angehörige der Sippe Zadoks, eines Hohenpriesters zur Zeit König Salomos, konnten Hohepriester werden. Später, in der Zeit der Makkabäerkämpfe, wurde das Hohepriesteramt in einer anderen Sippe erblich – bei den sogenannten Hasmonäern, die zum Teil auch als Könige die weltliche Herrschaft ausübten. Als dann der Nichtjude Herodes im Jahre 37 v. Chr. die Macht an sich riß, hat er die Hasmonäersippe mit Stumpf und Stiel ausgerottet, das heißt bis zum letzten Vertreter liquidiert. Er selbst hat dann nach Lust und Laune die Hohenpriester ein- und abgesetzt – eine Praxis, die später auch von der römischen Besatzungsmacht übernommen wurde.
Zur Zeit Jesu teilten sich im wesentlichen vier Familien in das Amt des Hohenpriesters. Sie gehörten als eine Art liberaler Laienadel durchweg zur politisch aktiven und mit den Römern kooperierenden Partei der Sadduzäer, und von daher ergab sich eine fast natürliche Gegnerschaft zur Partei der Frommen, der Pharisäer. Diese Gegnerschaft klingt noch in der späteren jüdischen Überlieferung nach, so im Talmudtraktat *Pesachim*. Die berühmte Klage des Rabbi Abba Scha'ul ben Batnit, der noch vor der Zerstörung des Tempels lebte, sagt uns mehr als deutlich, worauf die Macht und der Reichtum dieser wenigen hohenpriesterlichen Familien damals beruhten:

Mir ist weh zumute wegen der Familie Boëthos – wegen ihrer Knüppel [mit denen sie zuschlugen]*; mir ist weh zumute wegen der Familie Chanin – wegen ihres Getuschels* [soll heißen: wegen der Verleumdungen, zu denen sie fähig war]*; mir ist weh zumute wegen der Familie Kathros – wegen ihres Schreibgriffels* [womit ebenfalls die Intrigen gemeint sind]*; mir ist weh zumute wegen der Familie Jischmaël ben Phiabi – wegen ihrer Fäuste* [das braucht man wohl nicht zu erklären]. *Sie selbst waren Hohepriester, ihre Söhne waren die Schatzmeister, ihre Schwiegersöhne die Tempelkommissare; und ihre Knechte prügelten das Volk mit Stöcken.* (57a)

Der 1979 verstorbene bedeutende Neutestamentler Professor Joachim Jeremias hat dazu vermerkt:

Wir lernen aus den Weherufen, daß der Einfluß [dieser] *Aristokratie auf ihrer teils rücksichtslosen, teils intriganten Machtpolitik beruhte, mit deren Hilfe sie die wichtigsten Tempelämter sowie die Abgaben und Gelder in die Hand zu bekommen wußte.* (Jerusalem zur Zeit Jesu, 221)

Skrupellose Machtpolitik zeigt sich ja im übrigen auch in dem beim Evangelisten Johannes überlieferten Wort des Kajafas (früher sagte man Kaiphas) an den Hohen Rat: *Ihr solltet bedenken, daß es besser ist, wenn da ein einzelner draufgeht* – und gemeint war Jesus –, *als wenn das ganze Volk zugrunde geht* (cf. 11,50; 18,14). Das waren also die Hohenpriester: skrupellose Machtpolitiker, geldgierige Bonzen, eine ekelhafte Klerisei! Warum habe ich das hier wohl so ausführlich dargestellt? Was interessieren uns diese elenden Kerle überhaupt? Wer eine solche Schilderung liest, hat sich diese Fragen vielleicht selbst schon gestellt, vielleicht auch schon eine andere und noch wichtigere, nämlich: Wieso kann der Verfasser des Hebräerbriefes ausgerechnet Jesus, der mit solchen Typen aber auch nicht das geringste gemeinsam hatte, einen »Hohenpriester« nennen? Ja gewiß, diese Bezeichnung ist ein Bild, aber ein unrealistisches, idealisierendes Bild, und ich kann mir das nur so erklären, daß der unbekannte Verfasser des Hebräerbriefes von Tuten und Blasen, und das heißt in unserem Falle: von den Fakten, von dem tatsächlich praktizierten Hohenpriestertum, keine Ahnung mehr hatte. Sein Brief ist ja auch erst ein knappes Menschenalter nach dem Erlöschen des Hohenpriestertums geschrieben worden. Aber auch sonst ist es eine allgemeine Erfahrung, daß im nachhinein vieles – allzu Menschliches und wenig Rühmliches – idealisiert, verklärt und vergoldet wird.
Wie dem auch sei, eines dürfen wir dem Verfasser des Hebräerbriefes jedoch nicht in die Schuhe schieben. Ich meine: das Wiederaufleben des Hohenpriestertums in der Kirche Jesu. Für den Verfasser des Hebräerbriefes gibt es unmißverständlich und kompromißlos nur einen einzigen Hohenpriester, und das ist Jesus, der Christus zur Rechten Gottes (8,1). Mit ihm ist das Kapitel »Hoherpriester« auf Erden *ein für allemal* (9,12) abgeschlossen. Und doch hat die Kirche Jesu das Kapitel sehr bald schon wieder neu geschrieben, und es wird bis heute von vielen in dieser Kirche sogar allzu gerne

darin gelesen. Ich erinnere mich meiner Zeit im Priesterseminar. Wir hatten an hohen Festtagen jeweils Dienst im Kölner Dom. Zu Beginn des Gottesdienstes erwarteten wir den Erzbischof – es war Kardinal Frings – am Domportal, und sobald die Eminenz dann in den Hohen Dom einzog, begann der Domchor den Gesang des *Ecce sacerdos magnus* – auf deutsch: *Seht, das ist der Hohepriester, der in seinen Tagen Gott wohlgefiel und der als gerecht erfunden ward.* Was mag sich die Eminenz da jedesmal wohl gedacht haben? Ich glaube fast, sie hat sich nichts gedacht. Wir alle haben uns nichts dabei gedacht, vor allem nicht, daß hier ein christlicher Bischof einem Hohenpriester des Alten Bundes gleichgesetzt wurde – gewiß ein Faktum, das für den Autor des Hebräerbriefes – trotz seiner idealisierenden Rückschau auf das Hohepriestertum – das Allerletzte und Allerunmöglichste gewesen wäre. Für ihn gab es nur einen einzigen Hohenpriester: Jesus. Sollte es für uns Christen anders sein?

Auf diese Frage sollten Christen sich selbst eine Antwort geben können. Mitte Oktober 1988 fand in Rastatt eine gutbesuchte Tagung der AGF statt. AGF heißt *Aktionsgemeinschaft in der Erzdiözese Freiburg*. Diese aus Laien und Priestern bestehende Gemeinschaft will nach ihrem Selbstverständnis eine *Impulsgruppe für eine offene und dialogfähige Kirche* sein. Offenheit und Dialogfähigkeit, das sind beides Eigenschaften, die in unserer heutigen Kirche immer dringender angemahnt werden müssen, sollen sie nicht im Bürokratismus und Zentralismus des derzeitigen römischen Kirchenregiments vollends ersticken. Man könnte auch sagen: soll die Kirche nicht hinter dem früheren kommunistischen Kremlführer Michail Gorbatschow und seinen Idealen von *Glasnost* und *Perestroika* (Offenheit und Umgestaltung) hoffnungslos zurückbleiben. Thema des genannten Treffens, dem der bekannte Kapuziner Walbert Bühlmann seine Würze gab, war die Stärkung der Hoffnung wider die sich in der Kirche ausbreitende Hoffnungslosigkeit und Resignation. Pater Bühlmann, der lange in Rom als Professor und auch an der Zentrale seines Ordens tätig war und der die römischen Verhältnisse somit aus eigener Anschauung wie auch eigenem Erleiden genauestens kennt, erzählte seinen staunenden Zuhörern, daß es in der päpstlichen Kurie, dieser riesigen vatikanischen Verwaltungszentrale, »nur« sieben hierarchische Stufen und Würden gebe. Es gibt – wenn man das überhaupt in unserer deutschen Sprache ausdrücken kann – in eben dieser Behörde: *ehrwürdige, hochwürdige, sehr hochwürdige* und *hochwürdigste Herren,* dann weiter: *hochwürdigste Exzellenzen* und *hochwürdigste Eminenzen* und schließlich, über allem thronend, *Seine Heiligkeit* (siehe auch: Walbert Bühlmann, *Von der Kirche träumen,* 222). Und man habe, so Bühlmann, keine Chancen, in dieser Bürokratie der Diener Christi überhaupt ernstgenommen zu werden, wenn man diese ihre Stufen nicht genauestens kenne und respektiere.

Da haben wir nun das Evangelium des Markus und in diesem Evangelium eine tolle – eine wirklich tolle! – Geschichte. Zwei Brüder im engsten Schülerkreis Jesu, die Söhne des Zebedäus, hatten bereits ähnliche Sorgen um hierarchische Stufen und Würden wie unsere heutigen römischen Kirchenverwalter, und die beiden machen sich an ihren Lehrer und Meister heran in einer wohl einmaligen Unverfrorenheit, ja, Unverschämtheit. Ich empfehle dringend, sich diese Episode doch selbst einmal herauszusuchen. Sie steht bei Markus im 10. Kapitel, Vers 35 bis 45, und bedarf gewiß keiner Erklärung. Ich möchte nur eines dazu bemerken: Diese ganze Geschichte muß dem Evangelisten Mattäus, der sie ja von Markus auch in sein Evangelium übernommen hat, so unverschämt, ja, so unglaublich vorgekommen sein, daß er nicht mehr die beiden Brüder als die unverschämten Bittsteller hinstellt, sondern deren Mutter. Das ist jedoch kaum die feine Art eines Gentleman, die Männer um Jesus, quasi den »harten Kern« seiner kommenden Kirche, dadurch zu entlasten, daß man ihre Unverschämtheiten der Mutter, die sie geboren und erzogen hat, in die Schuhe schiebt. Freilich können Mütter am späteren Hohenpriesterkomplex, am Hohenpriester*fimmel,* an der »zebedaïtischen Häresie« ihrer Söhne und zukünftigen Diener der Kirche sehr wohl mitschuldig werden.

Doch wieso Häresie? Aber will das wirklich jemand noch fragen? Es ist in der Tat Häresie, und zwar deshalb, weil es eine eindeutige Lehre – wirklich Lehre! – des Neuen Testamentes ist, daß wir alle – wirklich wir alle! – Brüder und Schwestern sind – Brüder und Schwestern und sonst nichts! Das ist die Lehre des Neuen Testaments (Mt 23,8). Wer etwas anderes lehrt, mit Worten oder durch sein Verhalten, der lehrt etwas Falsches; der ist ein Häretiker. Aber es sind heute doch wohl kaum nur die Mütter der künftigen Priester, Bischöfe und Päpste, die ihre Söhne zur Häresie erziehen. Wir alle machen uns schuldig, solange wir diese Häresie des Personenkults in der Kirche Jesu weiter dulden und dabei vergessen, wer allein *Hoherpriester* im Neuen Testament genannt wird – aber selbst das nur in einer bildhaften Weise und angesichts des geschichtlichen, wenig erfreulichen Befunds bei den tatsächlichen damaligen Amtsinhabern vielleicht auch etwas leichtfertig und mißverständlich. Wenn es also überhaupt einen *Hohenpriester* in unserer Kirche geben muß, dann ist das allein Jesus. Allein ihm kommt eine Würde zu. Warum denn beten wir auch im Gloria der Messe:

Du allein bist der Heilige, du allein der Herr, du allein der Höchste: Jesus Christus, mit dem Heiligen Geist, zur Ehre Gottes des Vaters. Amen.

Bischofswahl und Verteufelung

Ideal und Realität der Kirche nach Lukas

Apostelgeschichte 1,12–26

[Nach der Aufnahme Jesu] kehrten sie vom Ölberg, der nur einen Sabbatweg von Jerusalem entfernt ist, nach Jerusalem zurück. Als sie in die Stadt kamen, gingen sie in das Obergemach hinauf, wo sie nun ständig blieben: Petrus und Johannes, Jakobus und Andreas, Philippus und Tomas, Bartolomäus und Mattäus, Jakobus, der Sohn des Alfäus, und Simon, der Zelot, sowie Judas, der Sohn des Jakobus. Sie alle verharrten dort einmütig im Gebet, zusammen mit den Frauen und mit Maria, der Mutter Jesu, und mit seinen Brüdern.
In diesen Tagen erhob sich Petrus im Kreis der Brüder – etwa hundertzwanzig waren zusammengekommen – und sagte: Brüder! Es mußte sich das Schriftwort erfüllen, das der Heilige Geist durch den Mund Davids im voraus über Judas gesprochen hat. Judas wurde zum Anführer derer, die Jesus gefangennahmen. Er wurde zu uns gezählt und hatte Anteil am gleichen Dienst. Mit dem Lohn für seine Untat kaufte er sich ein Grundstück. Dann aber stürzte er vornüber zu Boden, sein Leib barst auseinander, und alle Eingeweide fielen heraus. Das wurde allen Einwohnern von Jerusalem bekannt; deshalb nannten sie jenes Grundstück in ihrer Sprache Hakeldamach, das heißt Blutacker. Denn es steht im Buch der Psalmen: Sein Gehöft soll veröden, niemand soll darin wohnen! und: Sein Amt soll ein anderer erhalten! Einer von den Männern, die die ganze Zeit mit uns zusammen waren, als Jesus, der Herr, bei uns ein und aus ging, angefangen von der Taufe durch Johannes bis zu dem Tag, an dem er von uns ging und aufgenommen wurde, – einer von diesen muß nun zusammen mit uns Zeuge seiner Auferstehung sein. Und sie stellten zwei Männer auf: Josef, genannt Barsabbas, mit dem Beinamen Justus, und Mattias. Dann beteten sie: Herr, du kennst die Herzen aller; zeige, wen von diesen beiden du erwählt hast, diesen Dienst und dieses Apostelamt zu übernehmen. Denn Judas hat es verlassen und ist an den Ort gegangen, der ihm bestimmt war. Dann gaben sie ihnen Lose; das Los fiel auf Mattias, und er wurde den elf Aposteln zugerechnet.

Der Evangelist Lukas hat sein zweites Buch, die sogenannte Apostelgeschichte, *nach* seinem Evangelium und damit – nach allem, was wir erschließen können – in den 80er oder Anfang der 90er Jahre des ersten Jahrhunderts geschrieben, und das heißt zwei

Generationen später als die Geschehnisse, über die er den Gemeinden seiner Zeit dann berichtet hat. 50 bis 60 Jahre nachher – das ist eine lange Zeit. Man muß daher kein theologischer Fachmann sein, sondern kann durchaus auch als, sagen wir, »biblischer Laie« verstehen, wenn heutige Schriftausleger bei dem von Lukas Erzählten mit vielen historischen Unsicherheiten und bisweilen auch mit legendenhaften Zügen rechnen. So setzt manch einer schon gleich zu Beginn unseres Abschnitts seine Fragezeichen, wenn erzählt wird, daß sich so kurze Zeit nach dem Tode Jesu und nach seiner Hinrichtung als Staatsverbrecher sage und schreibe 120 seiner Anhänger anscheinend ungestört versammeln können, dazu noch in so großer Zahl in einem *Obergemach*, wie ihr üblicher Versammlungsraum in der ersten Etage eines Hauses ja ausdrücklich genannt wird. Es scheint mir jedoch kaum lohnend, über derlei Einzelheiten weiter zu spekulieren. Solche Ungereimtheiten zeigen uns aber, daß wir an Hand der lukanischen *Apostelgeschichte* heute kaum noch zum ursprünglichen Geschehen an den Anfängen unserer Kirche vorstoßen können, sondern eigentlich nur noch bis zu Lukas, eben dem Verfasser dieses Buches, zurückkommen. Lukas hat zwar, wie er ausdrücklich versichert, alle zu seiner Zeit noch erreichbaren alten Überlieferungen gesammelt, begutachtet, zusammengestellt, bearbeitet und in seinem Buch dann weitergegeben; er hat aber ebenfalls bereits – und wir tun das heute noch immer – diese Anfänge der Kirche Jesu in einer ganz und gar idealisierten und verklärenden Sicht betrachtet und dargestellt.
Zweierlei sollten wir in unserem Text etwas näher betrachten. Ich meine die Ergänzungswahl zum Kreis der Apostel und dann auch noch das wie nebenbei in der Petrusrede ausgesprochene Urteil über den Apostel Judas. Um mit dem Wahlvorgang und der Ernennung des Mattias zum Apostel zu beginnen: Ich kann mir nicht helfen, aber ich muß an eine Nachricht der *Katholischen Nachrichtenagentur* denken, die in der Wochenzeitschrift *Christ in der Gegenwart* einmal mitgeteilt wurde. Es hieß in der Ausgabe vom 12. Mai 1991:

Heftige Unruhe hat nun auch in Belgien eine Bischofsernennung ausgelöst: André Leonard ist zum Bischof von Namur/Flandern ernannt wor-

den, laut KNA »trotz des offenen Aufruhrs der Priester der Diözese, trotz der Proteste der Laien«. Auch Mitglieder der katholischen Bischofskonferenz und Nuntius Moretti hätten schwere Bedenken geäußert. Der neue Bischof gelte als »harter Konservativer«. Schon einmal sollte er zum Bischof ernannt werden – 1985 in Lüttich. Damals habe Rom dem Widerstand großer Teile der katholischen Bevölkerung Belgiens nachgegeben. (CiG 43 [19/1991] 154)

Wie brauchen ähnliche Ernennungen aus jüngster Vergangenheit gar nicht besonders aufzuwärmen. Vergessen sollte man sie aber auch nicht. Unsere holländischen Nachbarn hat es seinerzeit als erste besonders hart getroffen – in Roermond, in Rotterdam, in Haarlem und in s'Hertogenbosch. Dann kamen die Österreicher und wir Deutschen an die Reihe: Groer und der Weihbischof Krenn in Wien, Eder in Salzburg, Küng in Vorarlberg, Meisner in Köln; und in der Schweiz ist noch immer nicht abzusehen, wie der Skandal um den Liechtensteiner Haas im Bistum Chur einmal enden wird. Lukas schildert in unserem Abschnitt eine ideale Kirche: *Sie alle verharrten einmütig im Gebet* ... und: *Sie stellten zwei Männer auf* ... *dann beteten sie: Herr, zeige, wen du von diesen beiden erwählt hast* ... Eine unglaubliche Harmonie und eine noch weniger wahrscheinliche Idylle! In der späteren Kirche – wo immer wir auf sicherem historischen Boden stehen – ging es jedenfalls stets viel prosaischer zu. Und über die derzeitigen Verhältnisse spricht man mittlerweile selbst in ausgesprochen kirchlichen Organen eine so freie und offene Sprache, daß wir uns an sie zuweilen erst noch gewöhnen müssen. Wenn die Zürcher Jesuitenzeitschrift *Orientierung* beispielsweise unter der Überschrift *Verantwortungslos* über den jüngsten Stand der Auseinandersetzung um den Churer Bischof Haas informiert, dann heißt es im Blick auf die Vergeblichkeit aller bisherigen Bemühungen, zu einer Lösung zu kommen:

Der Vatikan setzt sich diktatorisch über alles hinweg, nimmt weder Amtsinhaber noch Laien ernst. Dies ist meilenweit vom Geist und den Dekreten des II. Vatikanischen Konzils entfernt und kann nicht anders denn als absolutistische Willkürherrschaft bezeichnet werden. Die Enttäuschung und die Reaktion der Mehrheit der Bischöfe und Gläubigen läßt sich leicht ausmalen. (Josef Bruhin SJ in: Or 55 [23–24/1991] 268)

Die allgemeine Enttäuschung macht sich Luft in einer Vielfalt von Witzen. Wir Älteren wissen das noch aus der Hitlerzeit, unsere Landsleute im Osten haben es noch frischer in Erinnerung. Solche Witze können harmlos sein, aber auch bissig, ja, ausgesprochen böse. Ein harmloser, den mir eine Schweizer Verlegerin auf der Frankfurter Buchmesse einmal erzählt hat: *Wissen Sie, daß im Churer Bischofshaus alle Treppen herausgerissen worden sind?* Wenn man dann fragt: *Nein, warum?*, bekommt man die Antwort: *Weil dort ohnehin alle Besucher die Wände hochgehen ...* Einen bösen habe ich im Urlaub in Österreich gehört – von einem lieben Freund und Kollegen. Er fragte da einen Pfarrer, den wir gemeinsam besucht hatten: *Wissen's, die beiden da in Wien, der Lange und der Dicke* (der Kardinal und sein Weihbischof), *sind auf dem Fernsehturm und wollen hinunterspringen. Wer kommt wohl als erster unten an – der Lange oder der Dicke?* Und als der Pfarrer dann noch überlegte und etwas sagte vom Dicken und seinem größeren Gewicht, da wurde das Problem auf andere Art »gelöst«: *Ach, das ist doch wurscht – wenn sie nur springen, wenn wir sie nur loswerden!* Natürlich klingt das in österreichischem Tonfall und mit österreichischem Charme gesagt nicht so brutal, wie es jetzt hier schwarz auf weiß gedruckt steht. Dennoch, die Worte und die in ihnen sich ausdrückende Verbitterung bleiben die gleichen.

Wenn sich der angestaute Unmut und Ärger – mehr noch: wenn sich die tiefe Enttäuschung, ja, Verletzung vieler engagierter, gutwilliger Christen durch eine Autorität, die sich betont apostolisch nennt, aber eher – und milde ausgedrückt – dem sprichwörtlichen Elefanten im Porzellanladen nachzueifern scheint; wenn sich Unmut und Schmerz in der dokumentierten Weise entladen, dann stimmt etwas nicht in der gegenwärtigen Kirche Jesu. Natürlich hat es die ideale Kirche auch nicht an den allerersten Anfängen gegeben. Es hat sie auch zur Zeit des Lukas nicht gegeben. Gerade darum wird er ja die Anfänge für seine Zeitgenossen so ideal geschildert haben. Was Lukas jedoch damals als Ideal hingestellt hat, das gilt noch immer, das gilt auch heute noch. Es mag ja ziemlich traditionalistisch klingen und auch gewiß anachronistisch sein, wenn man in der Bestellung des Mattias zum Vollmitglied im Kreise der Zwölf so eine Art erste Bischofsernennung in der jungen Kirche sieht – daß Petrus noch kein heutiger Papst war und die Apostel auch noch keine Bischöfe von der Art, wie wir sie heute kennen, das sei alles stillschweigend vorausgesetzt –, dennoch ist es keine bloße Willkür, wenn wir eine Brücke von dieser »idealen Kirche« in der Sicht des Lukas zu unserer heutigen Situation schlagen.

Die ganze Gemeinde sieht Lukas um Petrus versammelt – der *Kreis der Brüder*, wie es heißt. Und nicht einmal feministischer Zorn, der in der heutigen Kirche nur zu oft berechtigt ist, dürfte hier einen Ansatzpunkt finden. Denn eben vorher heißt es ja noch: *Sie alle verharrten einmütig im Gebet, zusammen mit den Frauen und mit Maria, der Mutter Jesu, und mit seinen Brüdern* (1,14). So waren sie also alle versammelt, und so stellten sie miteinander auch ihre Kandidaten auf: den Josef Barsabbas und den Mattias. Sie stellten sie auf, das heißt: sie wählten sie aus ihren eigenen Reihen. Von allen in der Gemeinde und aus ihrer Mitte heraus gewählte Kandidaten und keine aus weiter, römischer Ferne ernannten Zwangsbischöfe! Gemeinsame Wahl der eigenen Amtsträger, so ist es Jahrhunderte hindurch in der Kirche Jesu auch praktiziert worden. Berühmt – und heute oft zitiert – sind in dieser Hinsicht sogar die Worte zweier römischer Päpste. Das eine, von Papst Cölestin I. (422–432), lautet: *Man soll keinen Bischof gegen den Willen des Volkes einsetzen.* Das zweite Wort aus dem Munde seines zweiten Nachfolgers, Papst Leos des Großen (440–461), erläutert dieses grundlegende Prinzip. Es heißt: *Der allen vorstehen wird, soll von allen gewählt werden.*

Hier wird eigentlich für Christen, für Schüler Jesu, etwas völlig Selbstverständliches ausgesprochen, etwas, das allein dem Evangelium gemäß ist – man denke nur an das Jesuswort bei Mattäus: *Nur ein einziger ist euer Lehrer, ihr alle aber seid Brüder* (23,8). Das ist so selbstverständlich, daß man dieses zutiefst demokratische Prinzip nicht einmal mit dem in der kirchlichen Tradition dann häufig zitierten Rechtssatz zu stützen braucht: *Quod omnes tangit, ab omnibus tractari debet – Was alle berührt, soll auch von allen behandelt werden* (Hans Küng, *Die Kirche*, 518).

Vielleicht staunen wir über diesen im besten Sinne demokratischen Ansatz der idealen Gemeinschaft Jesu, wie ihn Lukas in der

Apostelgeschichte schildert. Man hat uns allen ja beigebracht, daß die Kirche Jesu nach Gottes Willen ausschließlich »hierarchisch« – also von oben nach unten – verfaßt sei. Das ist sie heute in der Tat, nachdem fremde, absolutistische und autoritative Verwaltungsformen in ihr die Überhand gewonnen haben – in einer Zeit, als es in der Welt ringsum mit ihren Kaisern, Königen und Fürsten auch nicht anders bestellt war. Es mag betrüblich sein, zu sehen, wie sich die Kirche Jesu in der Vergangenheit der Welt und ihren Herrschaftsformen angeglichen hat. Man wird es aber als noch bedrückender empfinden müssen, daß sie heute, da die Welt um uns her sich mehr und mehr zu demokratischen Idealen bekennt und auch zu immer mehr demokratischen Staatsgebilden entwickelt, daß da ausgerechnet Jesu Kirche anscheinend nicht die Kraft findet, sich auf ihre eigenen Ursprünge hin zurückzubesinnen und wieder nur ein Kreis von Brüdern und Schwestern zu werden – nur von Brüdern und Schwestern, ohne Väter und Mütter, ohne Hirten und Lehrer und darum auch ohne Oberhirten und *Hierarchen*, das heißt ohne alle »heiligen Herrscher«.
Doch halten wir ein mit unserer Traurigkeit! Auch Lukas hat für damals, ich sagte es doch, nur ein Idealbild gemalt. Wohl aus seiner eigenen Sehnsucht nach einer idealen Kirche heraus hat er damals ein Kapitel weiter sogar über die Kirche der Anfänge geschrieben:

Alle, die gläubig geworden waren, bildeten eine Gemeinschaft und hatten alles gemeinsam. Sie verkauften Hab und Gut und gaben davon allen, jedem so viel, wie er nötig hatte. Tag für Tag verharrten sie einmütig im Tempel, brachen in ihren Häusern das Brot und hielten miteinander Mahl in Freude und Einfalt des Herzens. Sie lobten Gott und waren beim ganzen Volk beliebt. (Apg 2,44–47)

Ob der gute Lukas das selber geglaubt hat? Für einen Menschen, der Lebenserfahrung hat, der mit beiden Füßen auf dem Boden steht, kann ich mir das schlechterdings nicht vorstellen, ist das auch viel zu schön, um wahr zu sein. Und so flicht Lukas ja auch schon bald die Geschichte von dem habgierigen Pärchen Hananias und Saphira in seine Kirchengeschichte ein (5,1–11); und so ist denn auch bald schon von Streitereien die Rede – zwischen denen, die hellenistischer, also nichtjüdischer Herkunft waren, und den aus dem Judentum zum Glauben an Jesus Gekommenen (6,1). Und selbst in dieser ersten »Bischofswahlgeschichte« klingen auch schon weniger christliche Töne an, und sie werden nicht besser dadurch, daß sie sich im Munde des Petrus, des ersten der Apostel, finden. Eine solche Tonart wird von uns heute durchaus als peinlich empfunden – von uns heute wahrscheinlich eher als in den Tagen des Lukas. Während Lukas seinen Jesus im Abschnitt zuvor nämlich in einem geradezu grandiosen Bild in den Himmel – und das heißt in biblischer Sprache: zu Gott – auffahren läßt, und ich würde sagen: Während er Jesus so mit vollem Recht die Herrlichkeit Gottes zuteil werden läßt, läßt er in unserem Abschnitt jetzt den Judas als eine Art Gegenspieler Jesu auf eine ebenso grandiose, grausame und geradezu gottlose Art krepieren. Jesus fuhr *nach oben* – wie es höher nicht ging – in den Himmel; Judas aber stürzte auf seinem Acker *nach unten*: Kopfüber fiel er zu Boden, sein Leib platzte auseinander, und alle Eingeweide kollerten aus seinem Bauch heraus.

Die von Petrus beziehungsweise Lukas im Detail geschilderten Einzelheiten vom Ende des Jesusfeindes Judas jetzt medizinisch deuten zu wollen, wäre sicher ein Versuch am untauglichen Objekt. Es geht um den Kontrast: die Erhöhung Jesu zum Himmel – hoch und hehr und erhaben; der Sturz zur Erde bei Judas – furchtbar und schrecklich und geradezu unappetitlich. Aber noch einen anderen hat Lukas in seiner Apostelgeschichte so enden lassen. Wie der Jesusfeind Judas stirbt bei ihm auch der Christenverfolger Herodes Agrippa auf wenig erbauliche Weise. Der König war, nachdem er den Apostel Jakobus hatte hinrichten lassen und Petrus ihm mit Gottes Hilfe entwischt war, nach Cäsarea gekommen. Dort hielt er in einer Volksversammlung eine feierliche Rede. Die Leute waren begeistert und schrien: *Da spricht ein Gott und kein Mensch.* Lukas schreibt: *Da schlug ihn ein Engel des Herrn* – und das heißt: Gott selbst hat ihn getroffen, *weil er ihm die Ehre verweigert hatte ... und von Würmern zerfressen, gab er seinen Geist auf* (12,23).

Mit seinen Klischees vom grausigen Tod von Verräter und Verfolger hat Lukas – vielleicht, ohne es zu wollen – »Pionierarbeit«

geleistet und »Standards« gesetzt. Vom genüßlich erzählten Kanzelmärchen über den in der Verzweiflung gestorbenen Kirchenhasser Voltaire war schon an anderer Stelle die Rede. Von einem besonders schönen – will heißen: besonders ekligen – Beispiel »christlicher« Rache über den Tod hinaus berichtet Walter Nigg:

Die Rehabilitierung des schwer geprüften Arius wurde ... im letzten Augenblick vereitelt und läßt sein Leben noch mit einem überraschenden Ende schließen, wie es kein Romanschriftsteller grotesker erfinden könnte. Als er bereits in Alexandrien angekommen war und der neuen Einsetzung in sein Amt entgegensah, flehten die orthodoxen [rechtgläubigen!] *Christen mit vielen Tränen zu Gott, dieses Unheil doch von seiner Kirche abzuwenden. Nur zu bald sollten sie über die Erhörung ihres Gebetes frohlocken können. Als Arius mit seinem Freunde* [Bischof] *Euseb von Nikomedien am Vorabend des Wiedereinsetzungstages durch die Stadt ging, wurde er plötzlich von einem Unwohlsein befallen, das ihn nötigte, einen öffentlichen Abort aufzusuchen. Während sein Bedienter vor der Türe wartete, fiel Arius im Innern des Abortes in eine Ohnmacht, in deren Verlauf er, wie Judas Ischarioth, mitten entzweibarst. Sein Mastdarm sei ausgetreten, die Leber mit viel Blut von ihm gegangen, und dann habe er auch unter heftigsten Schmerzen das Herz ausgeschüttet, den Sitz all seiner Bosheiten. Aber noch nicht genug des Schrecklichen. Arius' ganzer Leib wurde dünner und dünner, so daß der Ketzer zuletzt mit einem Plumps durch die Öffnung des Abortes in die Kloake hinunterfiel.* (Buch der Ketzer, 136 f.)

Der Kommentar, den Nigg seinem aus den Quellen geschöpften Bericht hinzufügt, verdient es, in voller Länge zitiert zu werden:

Dieser Bericht, den Athanasius später über den Tod des Arius in Umlauf setzte, trägt in seiner Abgeschmacktheit das Merkmal der Lüge an der Stirne und fällt in seiner verwerflichen Gesinnung auf den Erfinder zurück. Er läßt einen zweifeln, ob Athanasius den Beinamen »der Große« auch wirklich verdient. Man ist innerlich nicht wahrhaft groß, wenn man in seinem Haß soweit geht, den Gegner auf solch gemeine Art zu besudeln. Die Tendenz der ekelhaften Abortgeschichte wird allzu deutlich sichtbar, als daß sie übersehen werden könnte. Arius soll noch ein schändlicheres Ende genommen haben als der Verräter des Herrn. Aber die boshafte

Erfindung tat vorerst ihre gewünschte Wirkung nicht. Durch das plötzliche Abscheiden des Arius am Vorabend seiner Rehabilitierung entstand vielmehr der Verdacht, es sei ihm von einem rechtgläubigen Fanatiker Gift beigebracht worden, um seine Wiedereinsetzung zu verhindern. Die Kunde vom wirklichen Hergang von Arius' Sterben ist durch die beiden Gerüchte verschüttet worden. Athanasius gesteht selbst, daß die Gegner des Arius über dessen Tod öffentlich ihre Freude an den Tag gelegt haben – und hat damit deutlich verraten, auf welchen Tiefstand der Gesinnung diese Christen inmitten ihrer dogmatischen Kämpfe gesunken waren. (Ebd.)

Als der bedeutende und weltbekannte Theologe Hans Urs von Balthasar im Juni 1988 plötzlich und unerwartet zwei Tage vor seiner Erhebung zum Kardinal starb, da brachten – um eine Niggsche Formulierung im soeben zitierten Text aufzugreifen – die »rechtgläubigen Fanatiker« schon in der Juli–Nummer von *Theologisches* eiligst folgenden Leserbrief:

Gesetzt den Fall: ein Papst wollte ein falsches Dogma verkünden. Gott müßte ihn vorher abberufen. Das ist aber bis jetzt noch nicht vorgekommen. Gesetzt den Fall: ein offenkundiger Irrlehrer sollte zum Kardinal erhoben werden. Die Kirche würde dann trotz allem nicht untergehen; aber eine Katastrophe wäre es doch. Am 28. Juni sollte Hans Urs von Balthasar in Rom feierlich in die Kardinalswürde eingesetzt werden. Am 26. Juni ist er in Basel gestorben. Ich sehe darin ein Gottesurteil. Dr. Manfred Forderer, Mainz. (A.a.O. 18 [7/1988] Sp. 399)

Drei Seiten vorher hatte der Herausgeber, der Kölner Seminarprofessor Johannes Bökmann, bereits vermerkt:

Der völlig überraschende Tod des Theologen schien nicht nur mir (in wenigen Tagen haben sieben Kollegen und Freunde unabhängig voneinander das gleiche Empfinden ausgesprochen) wie ein Zeichen von oben. (A.a.O. Sp. 394)

Ein Zeichen von oben – vom Himmel, von Gott –, *ein Gottesurteil* oder wie auch immer – ganz so weit weg vom *Gift der rechten Gläubigkeit* in des »heiligen« Athanasius Tagen sind wir auch heute noch nicht. »Rechtgläubige« Fanatiker haben es stets verstanden und verstehen es noch immer, ihre Gegner im Gottesgericht enden und auf eine zumindest »zeichenhafte«, meist auch noch grauenhafte Weise umkommen zu lassen. Von ihnen werden alle, die anders sind, anders leben, anders denken, anders glauben, nach allen Regeln der Kunst verteufelt. Mehr als die Erhebung zu Gott zieht sich die Verteufelung wie ein roter Faden durch die Christentumsgeschichte hindurch. Vielleicht sind wir ein wenig erstaunt darüber, daß wir ganz am Anfang der Kirchengeschichte des Lukas, der so gerne idealisiert, dennoch nicht nur Goldfäden und auch nicht eine nur von Gold durchwirkte Rede des »Apostelfürsten« Petrus gefunden haben. Judas, der »böse Verräter«, ist in meiner Jugend und auch noch in meinen ersten Berufsjahren ein beliebtes Thema für die sogenannten Fastenpredigten gewesen. Hei, wie konnte man da losdonnern und auf diesen Bösewicht – stellvertretend für alle Bösewichte dieser Erde – einschlagen. Dabei ist es im übrigen gar nicht so sicher, daß dieser Jünger Jesu seinem Klischee und dem bei Lukas bereits vorhandenen frühchristlichen Feindbild auch wirklich entsprochen hat. Beide Phänomene – das der Idealisierung wie das der Verteufelung – bedingen einander. Sie stehen auch in unserem Abschnitt nicht etwa zufällig beieinander. Wir sollten gewarnt sein!

»Arbeiter für die Ernte«?

Wenn sich der Klerus das Evangelium unter den Nagel reißt

Mattäus 9,35–38

Jesus zog durch alle Städte und Dörfer, lehrte in ihren Synagogen, verkündete das Evangelium vom Reich und heilte alle Krankheiten und Leiden. Als er die vielen Menschen sah, hatte er Mitleid mit ihnen; denn sie waren müde und erschöpft wie Schafe, die keinen Hirten haben. Da sagte er zu seinen Jüngern: Die Ernte ist groß, aber es gibt nur wenig Arbeiter. Bittet also den Herrn der Ernte, Arbeiter für seine Ernte auszusenden.

Unter den Pfarrern gab es früher zweifellos mehr Originale als heute. Manche vermochten es, ganze Gesellschaften mit ihren Geschichten und Späßen zu unterhalten. Da kam dann auch schon mal der Witz mit dem neuen Kaplan auf die Tapete – ein harmloser Scherz:

Die Frau Lehrerin erzählt den Kindern in der Schule, wie die Mutter ein Kind zur Welt bringt und daß man es ihr lange vorher schon ansieht, daß sie ein Kind bekommt. Und da meldet sich ein besonders kluges Kind und sagt: Frau Lehrerin, jetzt weiß ich auch, warum unser Pfarrer so dick ist. Er hat neulich in Religion gesagt: Ich bekomme einen Kaplan.

Einen solchen Scherz wird man bald in vielen unserer katholischen Gemeinden nicht mehr verstehen – einfach darum, weil es keine Kapläne mehr in den Gemeinden gibt. Als ich vor Jahren noch im Amt war, fragte man ja schon nicht mehr im Kreis der Kapläne: *Bei welchem Pfarrer bist du Kaplan?* Man stellte vielmehr einem Pfarrer die Frage: *Bei welchem Kaplan bist du eigentlich Pfarrer?* Kapläne waren Anfang der 70er Jahre bereits Mangelware. Heute gehen wir in der Frage der Priester in unseren Gemeinden nicht erst trostlosen Zeiten entgegen; wir sind schon mitten drin. Junge Priester gibt es kaum noch, dafür im Verhältnis immer mehr alte. Ich sage: im Verhältnis, denn die alten werden ja deswegen nicht mehr, weil keine jungen mehr nachkommen. Die alten haben es vielmehr an sich, daß sie nach und nach aussterben. Sie werden vor ihrem Tod

von ihren kirchlichen Oberen ausgepowert bis zum letzten. Sie machen Dienst, oftmals noch als Pfarrer von zwei oder sogar drei Pfarrgemeinden, bis sie umfallen, und für die Ordinariate, diese riesigen Verwaltungsbürokratien, ist alles in Ordnung, wenn nur die Jurisdiktion in Ordnung ist, das heißt, wenn es für jede Gemeinde – egal wo – einen Priester gibt, der für sie »amtlich« zuständig ist.
Der Staat weiß, wann er seine Beamten und Angestellten entläßt, wann aller Regel nach damit zu rechnen ist, daß ihre Kräfte und damit auch ihre Leistungen nachlassen. Sind Priester – Pfarrer, Bischöfe und Päpste – eigentlich allesamt Ausnahmen, Menschen, die ewig jung bleiben? Daß die körperlichen Kräfte nachlassen, mag ein Kirchenmann ja noch selber merken. Daß auch die geistigen Kräfte irgendwann nachlassen, das merken – wie auch sonst im Leben – zumeist und zuerst die anderen. Ich sagte: Unsere Gemeinden gehen nicht erst trostlosen Zeiten entgegen; wir sind schon mitten drin. Und ich sehe keinerlei Hoffnungsschimmer, daß sich darin in absehbarer Zeit etwas ändern könnte.
Was diese Beschreibung der tatsächlichen Lage angeht, so bin ich mir ziemlich sicher, daß sie bei allen, die ihren Kopf nicht gerade in den Sand stecken und ihn auch nicht hoch oben in den Wolken zu tragen pflegen, uneingeschränkte Zustimmung finden wird. Nicht ganz so sicher bin ich mir, ob wir auch darin übereinstimmen, wo denn nun die schlimmsten Folgen dieser Auszehrung zu erwarten sein werden oder heute bereits zu Tage treten. Viele Christenmenschen sind ja schon zufrieden, wenn sie noch ihren regelmäßigen Gottesdienst haben; wenn die Feiertage würdig verlaufen; wenn es keine Probleme gibt – dann, wenn sie sich für einen ganz bestimmten und bereits festgelegten Termin zur Hochzeit anmelden; wenn man nicht zu lange auf eine bestellte Messe warten muß und wenn sich ihr Pfarrer auch bei den zahllosen Vereinsfeiern, vor allem zur Karnevals- und in der Vorweihnachtszeit, nicht zu oft unsichtbar macht. Man mag es drehen und wenden, wie man will, das sind eigentlich recht bescheidene Ansprüche an einen Pfarrer. Nur, wenn ein Pfarrer heute all diesen »bescheidenen« Ansprüchen gerecht werden will, dann bleibt wenig Zeit übrig für die – sagen wir mal – etwas gehobenen Ansprüche, vor allem für

das, was man so persönliche Kontakte nennt. Ohne persönliche Kontakte, ohne menschliches Miteinander – und das gilt jetzt ganz allgemein und nicht nur im Hinblick auf einen Pfarrer – gibt es aber keine Weitergabe des Glaubens, kein Fortbestehen des christlichen Lebens oder, wie immer man das nennen will, was eine christliche Gemeinde zu einer Gemeinde Jesu macht.
Nun gibt es pastorale und auch kirchenamtliche Strategen, die möchten am liebsten eine Werbeagentur mit der Verbreitung und Weitergabe unseres christlichen Glaubens in unserer heutigen Gesellschaft betrauen; die möchten die Medien, vor allem das Fernsehen, einspannen und dann natürlich auch in ihrem Sinne beeinflussen, wenn nicht gar dirigieren. Das alles ist grober Unfug. Martin Lohmann referierte vor nicht langer Zeit im *Rheinischen Merkur* ein Gespräch, das er mit dem katholischen *Medienbischof* Hermann Josef Spital geführt hatte. Von Bischof Spital hieß es darin unter anderem:

Bei allem »Mut zum Vertrauen« hält er im Umgang mit den Medien die Glaubensweitergabe durch Medien »für nicht möglich«. Denn der Glaube setze eine »persönliche Überzeugung voraus, und die Überzeugung eines anderen entzündet sich an der persönlichen Überzeugung«. (Vertrauen ist noch Mangelware, a.a.O. 25. Mai 1990)

Ein deutliches Wort, das keines Kommentars bedarf. Unsere Kirchen werden leerer, und sie werden sich von Generation zu Generation weiter leeren. Über die Ursachen dieses immer offener zu Tage tretenden Schwundes, über diese Schwind-sucht, kann man nachdenken, vielleicht auch streiten. Leugnen läßt sich die Krankheit ebensowenig wie das Waldsterben. Man kann sagen: Der liebe Gott macht schon alles wieder gut. Eine solche Mentalität unterscheidet sich dann kaum von der des Mainzer Karnevals: *Heile, heile, Gänschen, es is' ja widder gut ...* Man hört auch sagen: Unsere heutige gottlose Welt ist schuld ... der Wohlstand ist schuld ... die Kommunisten sind schuld ... Wenn's bald keine mehr gibt, wird man wenigstens ihnen die Schuld nicht mehr geben können. Alle sind sie schuld, nur wir nicht, die Christen, die Kirchenleitung, das römische Kirchenregiment.
Ich habe mir auch längst meine Gedanken darüber gemacht –

nicht, wem ich die Schuld zuschieben will, sondern, wo ich die bösesten, die katastrophalsten Folgen des heutigen Priestermangels zu sehen glaube. Nach dem Gesagten werden Sie's mir schon glauben, daß ich die schlimmsten Folgen des Mangels nicht etwa darin sehe, daß heute nicht mehr so viele Messen gelesen, nicht mehr so viele Gottesdienste gefeiert, Prozessionen gehalten, Wallfahrten organisiert werden können und was es sonst früher noch alles gegeben hat. Das mag in einem gewissen Sinne sogar noch heilsam sein. Alles Zuviel, alle allzu geschäftige Routine ist vom Übel. Es kann daher auch nur ein Segen sein, wenn heute zusehends mehr Christen wieder bewußter an der Eucharistie, am Mahl des Herrn, teilnehmen; wenn sie nicht einfach gelaufen kommen, wenn es anfängt zu läuten; wenn sie wissen, was diese unsere Feier für unser Leben als Christen bedeutet.

Ich sehe das Übel des Priestermangels anderswo. Darin, daß, wie man sich modern ausdrückt, zunehmend die Kontaktpersonen fehlen, die Ansprechpartner. Wir brauchen doch alle einmal jemanden, mit dem wir von Mensch zu Mensch, von Christ zu Christ reden können. Das setzt allemal jedoch ein großes Vertrauen voraus. Nicht jeder kann zu jedem Pfarrer einfach so hinstiefeln, eben nur deswegen, weil der Pfarrer ist. Da muß sich schon vorher ein Vertrauensverhältnis entwickelt haben, und ein solches Vertrauensverhältnis kann sich bilden, ohne daß man je ein Wort miteinander gewechselt hat. Da spielt viel mehr mit im zwischenmenschlichen Bereich, als mancher Bürokrat an einem bischöflichen Ordinariat sich träumen läßt. Für viele dort ist die Welt der Gemeinden ja oftmals schon in Ordnung, wenn die Verwaltung in Ordnung ist. Ich sagte: Man muß Kontakt haben, und die christliche Gemeinde ist der berufene Platz solcher für ein Christenleben lebensnotwendigen Kontakte.

Kontakt, Vertrauen oder wie immer man das nennen will, kann man nicht auf dem Verwaltungsweg – eben durch die Anstellung eines x-beliebigen Pfarrers – verordnen, kann man nicht einfach voraussetzen. Früher hatten die Christen es meist leichter in einer Gemeinde. In einer Durchschnittsgemeinde gab es ja nicht nur einen Pfarrer. Da war auch immer noch ein Kaplan, und der Pfarrer brauchte sich keineswegs durch besondere Leibesfülle auszuzeichnen, um einen Kaplan zu »bekommen«. Ja, es war in vielen Fällen auch noch ein Religionslehrer oder sonst ein Geistlicher mit besonderem Auftrag da, und die Christenmenschen konnten sich aussuchen, zu wem sie gingen, wenn es einmal was zu bereden gab. Man kann es auch umgekehrt sagen: Wem die Nase des Pfarrers nicht paßte, der fand vielleicht Gefallen an der Nase des Kaplans – und umgekehrt. Und wenn er mit seiner eigenen allzu eigenwilligen Nase vielleicht beide nicht riechen konnte, dann war immer noch kein Grund zur Panik, dann war ja da noch der Dritte im Bunde, der Religionslehrer. Die Vielfalt hält lebendig; die Vielfalt garantiert das Leben. Das Leben selbst – auch im religiösen Bereich – verlangt geradezu nach der Vielfalt. Ich kann nicht verstehen, warum man das »da oben« nicht sieht – oder vielleicht sieht, aber stillschweigt und die Gemeinden verkommen läßt – ja, verkommen läßt! –, weil man vielleicht noch höher oben nicht anecken will. In Rom tanzt man ja nach wie vor Mazurka um das Goldene Kalb des Zölibats. Ich kann es nicht verstehen, warum man den Gemeinden die Priester verweigert. Können Sie es verstehen? Denken Sie darüber nach. Denken Sie doch auch darüber nach, daß jetzt zum ersten Mal ein deutsches Bistum – Hildesheim – 1990 auf seiner Diözesansynode, zusammen mit seinem Bischof, für die Weihe verheirateter Männer zu Priestern votiert hat.

Ich muß aber wohl noch erklären, was unser Abschnitt aus dem Mattäusevangelium mit dieser ganzen geschilderten Misere zu tun haben soll. Ausgelegt wird dieser Abschnitt doch wohl zu 99 Prozent – auf der Kanzel sowohl wie in den frommen Broschüren unserer Schriftenstände – als eine Art Aufruf Jesu zum Gebet um gute Priester – eben um Arbeiter im Weinberg. Verzeihen Sie mir bitte! Aber eine solche Auslegung ist schlicht Unfug. Und ich kann daran doch nichts ändern, auch wenn das gelesene Wort Jesu: *Bittet den Herrn der Ernte, Arbeiter für seine Ernte auszusenden,* seit Jahr und Tag zu einem Gebet um Priesterberufe geworden ist. Ein solches Gebet ist nicht verkehrt, aber Jesu Wort zielt nun einmal in eine andere Richtung.

Jesus, heißt es, hatte Mitleid mit den Menschen, weil sie ihm wie *Schafe ohne Hirten* vorkamen. Wir sollten es uns schlicht abgewöhnen, wenn wir in der Bibel etwas von Hirten lesen, dann sogleich an Priester, Papst oder Bischöfe zu denken. Es gab damals zur Zeit Jesu keine sogenannten Seelsorger. Schafe ohne Hirten, das ist ein Bild für Menschen, die von anderen allein gelassen, im Stich gelassen worden sind, die keinen haben, der ihnen beisteht, der ihnen Recht schafft oder der ihnen die Richtung weist. Und Hirten, das waren im Alten Orient und auch noch in biblischer Zeit zunächst die Könige, die Beherrscher der Völker. Aus der Vielzahl der uns überkommenen Dokumente, die dies belegen, ragt eines ganz besonders hervor – und das sowohl im realen wie auch im übertragenen Sinne. Ich meine die berühmte, 2,25 Meter große Dioritstele mit dem Text des sogenannten *Codex Hammurapi*. König Hammurapi von Babylon (um 1760 v. Chr.) hatte sie in seinen späten Regierungsjahren in seiner Hauptstadt aufstellen lassen. Im Prolog zu seinem Gesetzeswerk stellt sich der König zunächst selber vor:

Ich Hammurapi, der von (Gott) Enlil berufene Hirte ... *der fromme Tempelpfleger, der tüchtige König ... der Demütige, der Beter ... der besonnene König ... der Mächtige ... der Kriegsmann ... der Schutzschirm des Landes ... der Vollkommene ... der Liebling (der Götter) ... der unwiderstehliche Herrscher ... der weise Verwalter ... der fromme Fürst ... der* Hirte der Menschen ... *der dem Recht seinen Glanz verlieh ...* (Nach: R. Borger u. a. [Hrsg.], *Texte aus der Umwelt des Alten Testaments*, Bd. 1, 40 ff.)

Das sind nur einige Titel in der langen Litanei der Selbstbezeichnungen. Schon vor Hammurapi nannte sich auch Lipit-Eschtar von Isin (um 1930 v. Chr.) im Prolog zu seinen Gesetzen den *demütigen Hirten von Nippur ..., damit auf das Wort (Gott) Enlils hin Gerechtigkeit in Sumer und Akkad aufgerichtet werde* (a.a.O., 24). In gerechter Gesetzgebung bestand also vorrangig das Hirtenamt der Könige. Ein Brückenschlag zu unseren heutigen gesetzgebenden Instanzen, zu Politikern und Parlamentariern – und nicht zu irgendwelchen Klerikern – wäre die allein angemessene Konsequenz. Parlamentarier als verantwortungsbewußte *Hirten* ihres Volkes – ein gewiß ungewohntes Bild, aber sicher auch ein zum Nachdenken anregendes! Welch ein Segen wäre es im übrigen, wenn als weitere Konsequenz das Hirtenbild dann endlich aus der christlichen Kirche verschwinden würde! Und wenn es in der Kirche Jesu bei dem einen, wirklich *Guten Hirten* in der Jesuspredigt des Johannesevangeliums bliebe! Nicht auszudenken, wenn bei der Gelegenheit gar auch die mit all den Hirten und Oberhirten anscheinend unlöslich verbundenen Schafe verschwänden – die Schafe, die nur zu folgen haben und höchstens ab und zu einmal wohlig blöken dürfen ...

Und dann das andere Bild: die Ernte. Erntezeit ist in der Bildersprache der Bibel Gerichtszeit, Zeit der Scheidung, der Scheidung zwischen Spreu und Weizen, zwischen Bösen und Guten. Ernte ist die Zeit der Ent-scheidung, da sich endgültig herausstellt, ob Gott von seinem Volke die erwarteten Früchte ernten kann. Jesus selbst ist in dieser Sprache der Gerichtsbote Gottes, und die an seiner Seite, seine Schüler, sollen es ebenso sein. Schüler Jesu sind aber schlicht alle Christen, nicht nur eine Kaste oder Klasse von besonders Auserwählten. So gesehen, fallen gerade die, die besondere Aufgaben in der Gemeinde Jesu haben – die Priester, Päpste, Bischöfe –, unter das Gericht Gottes, und er wird auch von ihnen zur Zeit der Ernte die erwarteten Früchte einfordern. Alle Schüler Jesu, alle Christen, sind also mit diesem Evangelium gefordert. Sie sind gefordert, mit Jesus, dem Boten Gottes, und als seine Boten auch von den Oberen ihrer Kirche Gottes Forderungen einzufordern, das heißt aber auch deren Pflicht, die Gemeinden Jesu, das Volk Gottes, nicht verkommen, nicht zugrunde gehen zu lassen, ihm nicht die Leiter und Ansprechpartner vorzuenthalten.

Manch einer wird zögern wollen, den Weg vom Gewohnten zum Ungewohnten, vom Gebet um gute Priester zu Gottes Gericht über Priester und Hierarchen, mitgehen zu wollen. Ich kann jedoch – um der eigenen Ehrlichkeit willen – einem jeden nur raten, sich seinen Weg in der Kirche nicht von den Traktätchenschreibern, sondern von den Fachleuten weisen zu lassen. Einer ist Professor Joachim Gnilka in München. Er schrieb 1986 in seinem Kommentar zur Stelle:

Von seinen alttestamentlichen Vorgaben her ist (das Bild von der) *Ernte Metapher für das göttliche Gericht ... Von diesen Vorgaben her ist man keineswegs gezwungen, bei der Ernte an die Heidenmission zu denken. Für Mattäus spricht der Kontext eindeutig gegen eine solche Auffassung ... Das Bild richtet sich auf Israel, für das die Ernte gekommen ist, zum Heil und zum Gericht. Die Zeit drängt. Darum geschieht jetzt die Aussendung der Jünger zu Israel ... Vom Erntebild her spannt sich ein Bogen zu 21,33f., dem Gleichnis von den Winzern, in dem die Ernte als »Zeit der Früchte« (21,34) bezeichnet wird. Das Erntebild ist darum nicht etwas Beschauliches, Beruhigendes ...* (die Ernte) *steht unter dem Aspekt der erwarteten Früchte.* (HThK Bd. I/1, 352f.)

Man muß schon genau hinsehen beim Lesen und Verstehen des Evangeliums. Der Klerus – als Kaste und Klasse im Volke Gottes – hat es immer wieder verstanden, bestimmte Aussagen der Schrift exklusiv auf sich zu beziehen, sich Bibeltexte sozusagen »unter den Nagel zu reißen«. Schriftauslegung heißt auch, solcherlei Umgang mit der Bibel zu korrigieren. Wenn wir das konsequent tun, dann werden wir erstaunt sein und feststellen, wie sehr wir alle vom Wort der Schrift, vom Wort Jesu und seiner Boten, gefordert werden. *Bittet, den Herrn der Ernte, Arbeiter für seine Ernte bereitzumachen.* Das ist kein Gebet um gute Priester. Das ist ein Gebet für die gesamte Gemeinde der Christen, in Gottes Auftrag – und als seine Gerichtsboten – auch von den Verantwortlichen die Früchte einzufordern und so mit dafür zu sorgen, daß unsere Gemeinden nicht ohne Priester zugrunde gehen oder, um noch einmal – ganz im Ernst – auf den Scherz vom Anfang zurückzukommen: mit dafür zu sorgen, daß auch ein Pfarrer wieder einen Kaplan »bekommt«.

Dieses Kapitel geht auf einen Beitrag im *Pastoralblatt für die Diözesen Aachen, Berlin, Essen, Hildesheim, Köln, Osnabrück* zurück: *»Arbeiter für die Ernte«? – Ein Hilferuf in der Gemeinde und an die Gemeinde.* (42 [11/1990] 339–343)

»Gehorsam ist des Christen Schmuck«?

Das Hobby der Eminenzen und Exzellenzen

Mattäus 5,1–10

Als Jesus die Volksmenge sah, all die Scharen von Menschen, stieg er auf einen Berg, setzte sich, und seine Schüler umringten ihn. Dann begann er zu sprechen und verkündete ihnen sein Wort.
Selig sind alle, die arm sind vor Gott und es wissen. Ihnen gehört das Reich der Himmel. Selig sind die, die Leiden erfahren. Trost ist ihnen gewiß. Selig sind alle, die gewaltlos handeln und Freundlichkeit üben. Erben werden sie das Land. Selig sind alle, die hungrig und durstig nach Gerechtigkeit sind. Ihr Hunger und Durst wird gestillt. Selig sind alle, die barmherzig sind. Sie werden Barmherzigkeit finden. Selig sind alle, die aufrichtig sind in ihrem Herzen. Sie werden Gott sehen. Selig sind alle, die Frieden bringen. Gottes Kinder werden sie heißen. Selig sind alle, die verfolgt werden, weil sie die Gerechtigkeit lieben. Ihnen gehört das Reich der Himmel. (Nach der Übertragung von Walter Jens)

In Friedrich Schillers Ballade *Der Kampf mit dem Drachen* geht es um einen jungen Ritter zur Zeit der Kreuzzüge. Er tat auf Rhodos Dienst für seinen Orden, hatte aber entgegen dem ausdrücklichen Befehl seiner Vorgesetzten einen Drachen getötet, ein gefährliches Ungeheuer, das jahrelang die Insel in Angst und Schrecken versetzt hatte und dem immer wieder Menschen zum Opfer fielen. Das Volk jubelte seinem Retter begeistert zu. Nur der Großmeister des Ordens zog die Stirne kraus und gebot dem Volke Schweigen …

Und spricht: Den Drachen, der dies Land
Verheert, schlugst du mit tapfrer Hand:
Ein Gott bist du dem Volke worden –
Ein Feind kommst du zurück dem Orden,
Und einen schlimmern Wurm gebar
Dein Herz, als dieser Drache war.
Die Schlange, die das Herz vergiftet,
Die Zwietracht und Verderben stiftet,
Das ist der widerspenstge Geist,

Der gegen Zucht sich frech empöret,
Der Ordnung heilig Band zerreißt;
Denn der ists, der die Welt zerstöret.

Und dann kommen die Verse, die heute noch gern zitiert werden:

Mut zeiget auch der Mameluck –
Gehorsam ist des Christen Schmuck.

Die Mamelucken, das waren die Muslime, die Eroberer des Heiligen Landes, die Erzfeinde der Christenheit, gegen die die Ritter damals im Namen des heiligen Kreuzes zu Felde zogen. Nach dem Großmeister des Ordens waren der mutige Entschluß des jungen Ritters, gegen das gefährliche Ungeheuer zu kämpfen, und auch sein Sieg über das Untier und die Rettung des Landes allein darum nichts wert, weil er dabei im Ungehorsam gegen den ausdrücklichen Befehl gehandelt hatte, keinen solchen Kampf zu wagen und kein Risiko einzugehen. Das einfache Volk konnte das nicht verstehen und verstände es auch heute nicht. Der tapfere Ritter wurde aus dem Orden ausgestoßen und erst wieder aufgenommen, nachdem er sein Unrecht eingesehen und seinen Ungehorsam bereut hatte. Jawohl, Mut kann auch ein Heide haben, den *zeiget auch der Mameluck; Gehorsam ist des Christen Schmuck*! Friedrich Schiller hatte das Problem, mit dem sich unsere Christenheit – eine gewisse Christenheit! – jahrhundertelang herumgeschlagen hat und in gewissen oberen Rängen noch heute herumschlägt, erkannt. Schiller übte in seiner Ballade keine offene Kritik an diesem christlichen Gehorsamsmythos, und er tat gut daran, galt dieser Mythos doch zu seiner Zeit nicht nur im Raum der Kirche, sondern gleicherweise in den weltlichen Staatsgebilden. Wer am Gehorsam rüttelte, machte sich verdächtig.

Wenn man alte Heiligengeschichten aufschlägt, beispielsweise die *Legende von den lieben Heiligen Gottes, nach den besten Quellen neu bearbeitet und herausgegeben von Georg Ott, Pfarrer in Beratzhausen. Mit oberhirtlichen Approbationen* (Verlag Friedrich Pustet, 6. Auflage, Regensburg 1861), dann liest man darin auch eine Fülle von Gehorsamsgeschichten. Ich habe eine solche Geschichte herausgesucht. Sie handelt von den heiligen Maurus und Plazidus, den

Lieblingsschülern des großen, heiligen Ordensstifters Benedikt, um die Mitte des sechsten Jahrhunderts. Da wird also erzählt und fabuliert:

Einmal sollte Plazidus aus dem nahen See Subjako Wasser schöpfen und fiel unglücklicher Weise in den See. Der heilige Benedikt in seiner Zelle betend, wußte aus göttlicher Offenbarung davon und rief alsbald den Bruder Maurus herbei, mit dem Bedeuten, sogleich an den See zu eilen und den Knaben herauszuziehen. Maurus verlangt vom Heiligen den Segen, eilt dann zum Wasser, läuft, ohne sich zu besinnen, in dasselbe hinein und zieht den bereits sinkenden Knaben aus den Wellen an das Ufer. Hier erst gewahrte er, daß er auf dem Wasser gegangen sei, und erzählte, den Knaben Plazidus zu Benedikt führend, demselben das wunderbare Ereignis. Benedikt schrieb dasselbe dem Gehorsam des frommen Maurus zu. (Spalte 1791 f.)

Die Zeit von Herbst 1944 bis Sommer 1946 habe ich in England zugebracht, als deutscher Kriegsgefangener. Als Theologiestudent wurde ich im Frühjahr 1945 ins sogenannte Theologen-Camp nach Colchester verlegt. Dank einer Initiative des Apostolischen Delegaten, Erzbischof William Godfrey, waren dort Theologen und solche, die's noch werden wollten, aus fast allen deutschen und österreichischen Bistümern und auch aus allen Orden und Kongregationen versammelt. Wenn man sich nach Jahren wieder einmal trifft, dann werden auch die Geschichten aus der gemeinsam verbrachten Zeit wieder lebendig. So erzählte einer unserer Freunde – er hieß Bernhard Schilling, gehörte zu den Steyler Missionaren und war lange Jahre Missionsbischof in Neuguinea – einmal vergnüglich von den Rivalitäten, die es im damaligen Lager unter den künftigen Ordensmännern gegeben hatte. In seiner Baracke war damals auch ein feuriger, junger Benediktinernovize. Für ihn war der Orden des heiligen Benedikt der einzige richtige Orden. Alle anderen, späteren Gründungen – ob Franziskaner, Jesuiten oder erst recht die Steyler Missionare – standen bei ihm mehr oder minder im Verdacht, vom ursprünglichen, reinen Ordensideal abgewichen zu sein.

Dieser Benediktusjünger tischte damals auch allerlei Geschichten vom »heiligen Gehorsam« auf, von der gleichen Art, wie wir sie in alten Heiligenlegenden lesen können, und so verkündete er auch einmal strahlend, wenn sein Abt ihm geböte, mitten ins tiefe Wasser hineinzulaufen, dann würde er das im heiligen Gehorsam selbstverständlich auch tun. Bernhard Schilling, der ein paar Jahre älter war als er und auch schon etwas mehr Theologie studiert hatte, hat ihm darauf gesagt: *Wenn das wirklich geschieht, dann hat entweder dein Abt eine Meise oder du bist total übergeschnappt.* Das werdende Mönchlein war damals zutiefst beleidigt und sah sich in seiner Auffassung bestätigt, daß die Steyler Missionare eben doch keine richtigen Ordensleute seien. Nun, der ach so unvollkommene Steyler Ordensmann ist, wie schon gesagt, später Missionsbischof geworden und bis zu seinem Tode im Sommer 1992 Steyler Missionar geblieben. Der eifrige und eifernde Benediktiner wurde Mönch in Niederaltaich und sogar ein berühmter Professor an der römischen Ordenshochschule San Anselmo. Er hat sich später von seinem Orden getrennt und noch auf manch andere Weise gezeigt, daß er in reiferen Jahren dem Gehorsam, dem Ordensleben und allgemein seiner Kirche viel kritischer gegenüberstand als in seiner Sturm- und Drangzeit. Thomas Sartory – so hieß unser Freund – war ein glänzender Theologe und ist leider viel zu früh gestorben.

Der Gehorsamsmythos ist in der römischen Kirche noch längst nicht ausgestorben. Er lebt fort als ein Hobby gewisser Eminenzen und Exzellenzen, aber auch innerhalb geschlossener Gruppen – wie dem unter dem augenblicklichen Papst bereits unangenehm einflußreich gewordenen *Opus Dei*. Die Mainzer Erklärung, die der *Beirat der Konferenz der deutschsprachigen Pastoraltheologen* am 30. November 1991 veröffentlichte, spricht sogar wörtlich von einer *dubiosen und undurchsichtigen Macht in der Kirche*. Die in erschreckender Eile betriebene Seligsprechung des erst 1975 gestorbenen Opus-Gründers Escrivá de Balaguer und der mit einem solchen Akt in Gang gesetzte Automatismus von Leit- und Vorbildcharakter einer solchen in meinen Augen nur als neurotisch zu charakterisierenden Persönlichkeit lassen Schlimmes befürchten. Schon 1963 verhehlte der Theologe Hans Urs von Balthasar nicht sein »Erschrecken« beim »Durchblättern der 999 Aphorismen, Sentenzen und Parolen«, und er bezeichnete im Hinblick auf die darin enthaltene Spiritualität als *Handbüchlein für höhere Pfadfinder*, was vom Opus selbst als heiligstes

Vermächtnis des Gründers und darum auch als höchste Richtschnur für das Leben seiner Mitglieder betrachtet wird. Daß der bedingunslose und blinde Gehorsam im *Weg* (so der Titel dieser im Vorwort recht waghalsig mit der *Nachfolge Christi* des Thomas a Kempis verglichenen Schrift) eine besondere Rolle spielt, wird niemand mehr wundernehmen. Die folgenden Passagen aus der 2. deutschen Auflage von 1962 können und sollen für sich sprechen:

53 Deinen kritischen Geist ... darfst du weder an eurem Apostolat noch an euren Brüdern üben. – Dieser kritische Geist ist für euer übernatürliches Unternehmen ... ein schweres Hindernis ... Ich will dir Ruhe verschaffen: nimm etwas zu schreiben ... übergib die Notiz deinem Vorgesetzten und denke nicht weiter daran. Er ist der Leiter. Er besitzt die Standesgnade. Er wird den Zettel aufheben oder in den Papierkorb werfen. Da dein kritischer Geist für dich ja keine böswillige Nörgelei ist und du die Kritik aus besten Beweggründen übst, bleibt sich das gleich.
62 Ein Leiter. – Du bedarfst seiner. – Um dich hinzugeben, um dich zu verschenken – im Gehorsam.
592 Vergiß nicht, was du bist: ein Kehrichteimer! ... Demütige dich: weißt du nicht, daß du ein Eimer für Abfälle bist?
941 Gehorchen – sicherer Weg. – Den Vorgesetzten blind gehorchen – Weg der Heiligkeit. – Gehorchen in deinem Apostolat – der einzige Weg; denn in einem Werke Gottes [Opus Dei!] *muß dies der Geist sein: daß man gehorcht oder geht.*

Erinnern wir uns in dem Zusammenhang auch noch einmal jenes fragwürdigen Arbeitspapiers zur Vorbereitung der 1990er Bischofssynode. Dort fand sich ja auch noch, was ein vernünftiger Mensch in unserem Jahrzehnt kaum noch für möglich hält: daß *das gemeinschaftliche Leben des* (Priester-)*Seminars ... zum Verzicht auf den eigenen Willen und zum Gehorsam* hinführen solle. Ich habe das – Gehorsam und Verzicht auf den eigenen Willen als Ziel der Priesterausbildung – bereits schlicht als »Quatsch« bezeichnet. Man könnte ebensogut mit den oben zitierten Worten meines Freundes aber auch sagen: Wer so etwas von sich gibt, wer noch immer dem Mythos vom absoluten Gehorsam in unserer Kirche huldigt, *der hat eine Meise.*

Die Sache ist freilich ernster, als manch einer glauben mag. Mit der fortschreitenden Öffnung zwischen Ost und West, nicht zuletzt mit den Kirchenführern, die vom Osten zu uns herüberkommen oder bereits herübergekommen sind, wird die Propagierung des Gehorsams als erste Christenpflicht erneut an Boden gewinnen. Es ist ja im übrigen nur zu verständlich und wurde an anderer Stelle bereits gesagt, daß die Kirchen im Osten in ihrem Bemühen, den totalitären Staatssystemen standzuhalten, auch bei sich selbst »die Reihen fest geschlossen« halten mußten. Verzicht auf den eigenen Willen, Gehorsam, Disziplin, Einheit, Geschlossenheit – statt Pluralität und Meinungsvielfalt, statt Individualität und Kreativität, statt Offenheit und eigenverantwortlicher Entscheidung –, sie könnten darum als Reaktion auf einen dumpfen, uniformen Staatstotalitarismus – unter der Hand – auch wieder verstärkt zu innerkirchlichen Götzen werden. Das wäre jedoch eine schlimme, wenn nicht finstere Rückentwicklung zu längst vergangen geglaubten Zeiten unserer Kirchengeschichte – jedenfalls, was den Gehorsam als oberste christliche Tugend angeht, als *des Christen Schmuck,* wie Schiller sich in seiner Ballade ausdrückt. Eine Erziehung künftiger Priester gar *zum Verzicht auf den eigenen Willen* wäre auch dann ein Verbrechen, wenn es in Rom ausgeheckt würde.
Unser obiger Text stellt im Evangelium des Mattäus die Ouvertüre, den grandiosen Auftakt zur Bergpredigt Jesu dar. Wir nennen den Abschnitt die *Acht Seligkeiten*. Und wenn wir einmal nachlesen, wer denn da nun von Jesus seliggepriesen wird, dann ist eines jedenfalls sicher: Von gehorsamen, willenlosen Knechten und Kreaturen ist keine Rede. Ganz im Gegenteil werden die seliggepriesen, die auf Grund einer eigenen Entscheidung ihren Weg gehen; die, wo immer es nötig ist, auch gegen den Strom schwimmen, gegen den Trend einer lenkbaren und verführbaren Masse; und die darum auch gegen eine jede totalitäre und absolute Unterwerfung fordernde Autorität anzugehen wagen. Jesus war der letzte, der sich Duckmäuser, Kopfnicker, Leisetreter und Jasager als seine Apostel und Boten gewünscht hätte. Mag auch der Evangelist Mattäus letztlich den Katalog der Acht Seligkeiten zusammengestellt und diese acht Wegweiser zur Nachfolge Jesu und damit zur Heiligkeit wie acht Posaunenstöße an den Anfang der von uns so

genannten Bergpredigt Jesu gesetzt haben –, daß diese Seligpreisungen allesamt den Geist Jesu atmen, das wird wohl niemand im Ernst bestreiten wollen.
Wie wäre es darum, wenn unsere Eminenzen und Exzellenzen als Katalog für die Priesterausbildung auf einer ihrer Synoden nur diese acht Seligpreisungen Wort für Wort abschreiben und hernach als ihren »Beschluß« für die Priesterausbildung verkünden würden? Sie könnten sich viel Papier und viele Reden, alle Fußnoten, ja eigentlich die ganze aufwendige Synode ersparen. Ja, wie wäre es, wenn diese *Seligkeiten* – und nur sie – den Maßstab für unsere künftigen Priester hergeben würden? Sie sind ohnehin der Maßstab für einen jeden Christenmenschen, die Meßlatte, an der ein jeder von uns sein Christsein tagtäglich neu messen muß. Und es gibt darum auch für Priester keinen höheren Maßstab. Ich kenne jedenfalls keinen. Vielleicht werden die Gehorsamsanbeter jetzt sagen, wir hätten eine »Meise«, wenn uns die acht Seligpreisungen als Richtschnur der Priesterausbildung voll und ganz genügten. Ja, vielleicht werden die Gehorsamsfetischisten das sagen. Ich würde nur bescheiden zurückfragen: Da ja so viele in unserer Kirche glaubten, sie hätten in besonderer Weise den Heiligen Geist, und sie hätten in Wirklichkeit doch nur einen Vogel – ein Bischof soll das einmal gesagt haben! –, ob dann nicht vielleicht auch einmal umgekehrt der Heilige Geist sich »in Gestalt einer Meise«, eben ganz unten bei uns, bemerkbar machen könnte? Der Geist weht ja auch nach einem Jesuswort bei Johannes bekanntlich nicht dort, wo er soll oder muß, sondern da, wo er will. Und das heißt, ob's einer glauben will oder nicht: Der Heilige Geist verzichtet durchaus nicht *auf seinen eigenen Willen*!

Christen mit Schulterband und Stola?

Ein Pfarrerspiegel des Paulus

1 Thessalonicher 2,1–12

Brüder und Schwestern, ihr wißt alle, daß unser Aufenthalt bei euch nicht umsonst war. Obwohl wir vorher in Philippi vieles durchmachen mußten, ja sogar geschlagen und mißhandelt wurden, haben wir mit Gottes Hilfe unseren Mut zurückgefunden und dann auch bei euch sein Evangelium gepredigt. Es war eine Strapaze. Wir haben ja keine Ideologie verbreitet und sind weder auf die dumme Tour geritten, noch haben wir etwas hintenherum gemacht. Wir reden noch immer so wie damals, als Gott uns würdig fand und uns seine Botschaft anvertraut hat. Es ging uns deswegen auch nicht darum, irgend jemand zu gefallen, allein Gott, der uns ins Herz sieht. Ihr wißt es, wir haben keinem nach dem Mund geredet, und es ging uns weiß Gott auch nicht ums Geld. Wir waren auch nicht auf Ehren aus, weder bei euch noch sonstwo. Natürlich hätten wir die Boten Christi (die wir ja waren) herausstreichen können. Es hat sich bei uns aber alles um euch gedreht. So, als wären wir die Mutter, ihr die Kinder, so hingen wir an euch. Und wir haben euch ja auch nicht nur Gottes Evangelium geschenkt. Unser Herz war die Zugabe. Wir hatten euch eben ins Herz geschlossen. Denkt ihr noch an die Strapazen, die wir damals auf uns genommen haben? Wir haben doch Tag und Nacht gearbeitet, als wir bei euch Gottes Evangelium gepredigt haben. Ihr könnt es doch bezeugen, daß wir euch – den Gläubigen – ein gutes und rechtschaffenes Leben vorgelebt haben, ein Leben, das keinen Anlaß zu Kritik gegeben hat. Wie ein Vater seine Kinder, so haben wir auch euch angehalten und ermuntert, manchmal geradezu beschworen, ein gottgefälliges Leben zu führen. Gott ist es doch, der euch in sein Reich und zu seiner Herrlichkeit gerufen hat. (Eigene Übertragung)

Im Mittelalter gab es eine eigene – man kann schon fast sagen – Literaturgattung: die sogenannten *Fürstenspiegel*. Das waren Schriften, in denen das Musterbild eines Fürsten dargestellt wurde, teils in Form von Lebensbeschreibungen großer Gestalten der Vergangenheit, teils auch als dichterisches Idealbild. Damit, daß man den regierenden Fürsten – den Herrschenden – gleichsam einen Spiegel vorhielt, war keinesfalls auch schon eine böse Absicht verbunden. Das war jedoch später sehr wohl der Fall bei einem Machwerk des vorigen Jahrhunderts, dem berüchtigten *Pfaffenspiegel*. Verfasser war mit ganzen 32 Jahren ein gewisser Otto von Corvin-Wiersbitzki. Er schrieb 1845 ein Buch mit dem Titel *Historische Denkmale des christlichen Fanatismus*. Erst nach seinem Tode erhielt sein Opus den Titel *Pfaffenspiegel*. Sein Verfasser malt ein Schreck- und Zerrbild der christlichen Geistlichen, und es versteht sich, daß sein Elaborat auch für die Nazibonzen und ihre antikirchliche Propaganda ein gefundenes Fressen war. Nun ist es sicher kein Verbrechen, auch einem Pfarrer bisweilen einen Spiegel vorzuhalten. Ja, er sollte sich diesen Dienst am besten selbst von Zeit zu Zeit erweisen. Jeder Christ sollte sich ab und zu den Spiegel vorhalten. Sich im Spiegel zu betrachten hat noch niemandem geschadet.

1990 hat in Rom wieder eine der seit dem Konzil üblich gewordenen Bischofssynoden stattgefunden. Von Papst Paul VI. seinerzeit eingerichtet und ursprünglich als ein außerordentliches Beratungsgremium bei besonderen Anlässen gedacht, »jagen« sich die Synoden unter dem augenblicklichen Papst. Der Schweizer Bischof Eugenio Corecco kritisierte bei Gelegenheit vor der Presse den zu raschen Rhythmus. Die Bischöfe, sagte er, seien überfordert. Kaum sei die eine Synode vorbei, heiße es schon wieder die nächste vorbereiten. Man habe keine Zeit, die Ergebnisse zu verarbeiten und in die Praxis umzusetzen. Zu hören ist freilich auch andere Kritik, zum Beispiel am Informationsfluß zwischen den römischen beziehungsweise päpstlichen Instanzen und den Bischöfen. Ja, der brasilianische Kardinal Aloisio Lorscheider machte deutlich, daß die gedruckten sogenannten Ergebnisse der Synode am Ende mehr die kuriale oder päpstliche Sicht zum Ausdruck brächten als die der zur Beratung aus aller Welt nach Rom gerufenen Bischöfe. David Seeber, lange Jahre Herausgeber der *Herder-Korrespondenz*, formulierte es gar so:

Jedes dritte Jahr ein Weltbischofskonvent, der sich auf weltkirchlichen Gedankenaustausch beschränkt und im Ergebnis nicht mehr zustande bringt als ein wenig Material für die Erarbeitung eines päpstlichen Rundschreibens, verdient den Namen Bischofssynode in der Tat nicht. (HK 44 [11/1990] 504)

Das Thema der genannten Synode war die Ausbildung der Priester. Daß viel dabei herausgekommen sei, kann man nicht gerade sagen. Die alten Töne zum Zölibat, zur strikten Ablehnung der Frau im geistlichen Amt; daß der »Priesterchrist« durch seine Beauftragung etwas grundlegend anderes sei als der »Laienchrist«; daß der Priester – in seiner Person und sogar als Mann! – Christus repräsentiere, all das hat man bis zum Überdruß bereits vernommen, und es verstärkt sich zusehends der Eindruck, daß dem biblischen Befund in all diesen Fragen – dem, was uns im Neuen Testament als gelebte frühchristliche Wirklichkeit begegnet – in römischer Sicht keinerlei Bedeutung zukommt. Mit anderen Worten: Entscheidend für diese Sicht der Kirche ist nicht, was einmal an den allerersten Anfängen war, sondern das, was heute ist, auch wenn es durch noch so viele historische Zufälligkeiten so geworden ist, wie es ist.
Gewitzelt haben die Theologen ja schon immer über diese römische »Fort-schrittlichkeit« – fort vom Neuen Testament. So erzählte man in meiner Studienzeit von einem römischen Professor, der einen Studenten prüfte und ihn nach dem wichtigsten Buch in der katholischen Kirche befragte. Die Antwort war: *Das Neue Testament, Herr Professor.* Diese Antwort, hieß es, habe den Professor einigermaßen in Verlegenheit gebracht, und er habe herumgedruckst: *Ja, ja, natürlich ... Ja, das könnte man gewissermaßen vielleicht so sagen ... Aber ich wollte doch eigentlich von Ihnen jetzt etwas anderes hören; ich wollte hören: der Codex Iuris Canonici* – das kirchliche Gesetzbuch. Es ist noch gar nicht so lange her, daß der bekannte Professor und Missionswissenschaftler aus dem Kapuzinerorden, Pater Walbert Bühlmann, in seinem Aufsatz *Wider die Resignation* mit großem Freimut von den »drei Mißbildungen der Kirche« sprach, die die heute allenthalben spürbare Resignation auslösten. Dabei nannte er Zentralismus, Legalismus und Konservatismus – und wörtlich, nicht zuletzt auch im Hinblick auf die in Rom zelebrierten Synoden:

Da legen Bischöfe aus aller Welt ihre Analysen vor, formulieren Wünsche, aber nachher kommt alles in die Hände der römischen Kurie und des Papstes und wird auf den Rahmen des vorgegebenen Kirchenrechts einge-

ebnet. Dagegen kommen alle Bischöfe der Welt nicht auf. Jesus hinterließ seiner Kirche das Evangelium, aber woran die Kirche Roms sich orientiert, das ist der Codex [das Gesetzbuch]. (In: Anzeiger für die Seelsorge 99 [11/1990] 426)

Ich gestehe frank und frei, daß mir das Neue Testament mehr und mehr zu einem Trostbuch in dieser Zeit der Kirche geworden ist. Die Neuausgabe des kirchlichen Gesetzbuches – irgendwann in den letzten zehn Jahren – hätte ich mir erst noch zu kaufen. Wieviel Trost das Neue Testament einem auch in der Frage eines recht verstandenen Priesterberufes zu geben vermag und was es an Wegweisendem alles längst dazu gesagt hat, so daß es eigentlich keiner Bischofssynode zu diesem Thema mehr bedurft hätte, das kann uns unser Paulustext aus dem Brief des Apostels an die Gemeinde von Thessalonich mehr als deutlich vor Augen führen.
Ich deutete es bereits an und meine, diese Worte des Apostels, diese Rückerinnerung an seine eigene Arbeit in dieser Gemeinde von Thessalonich, könnten ein guter *Pfarrerspiegel* sein. Sie wären wohl auch besser als alle umfangreichen römischen Synodenergebnisse, lassen sie sich doch in nur wenigen Sätzen zusammenfassen:

1. *Ein Pfarrer sollte auch nach bedrückenden Erlebnissen mit Gottes Hilfe seinen Mut stets wiederfinden.*
2. *Ein Priester sollte keine Ideologie verbreiten – also auch keine römische; er sollte gewiß nichts auf irgendeine dumme Tour versuchen und nichts hintenherum in seiner Gemeinde tun.*
3. *Er sollte keinem Menschen zu gefallen suchen, allein Gott.*
4. *Er sollte darum auch keinem nach dem Munde reden und ganz sicher nicht aufs Geld aus sein.*
5. *Ein Priester sollte auch nicht nach Ehren streben und nie sein Amt oder seinen Beruf herausstreichen, als sei das etwas Besonderes.*
6. *Alle beruflichen Aktivitäten sollten sich nicht um die eigene Person, sondern allein um die Menschen drehen.*
7. *Er sollte darum wissen, daß ohne Herz alles Predigen ins Leere läuft.*
8. *Es wäre gut, wenn jeder Priester auch seinen eigenen Brotberuf hätte, um niemandem in der Gemeinde zur Last zu fallen, wie der Apostel betont.*

Ja, ein eigener Brotberuf – nicht nur, um keinem zur Last zu fallen, sondern auch um der eigenen Unabhängigkeit willen. Auch Paulus hat großen Wert auf diese Unabhängigkeit gelegt. Und er hing ja auch weder vom Geld eines vorgesetzten Bischofs ab, noch auch von der Freigebigkeit oder gar Laune einer Gemeinde. Und er hätte, da bin ich mir ganz sicher, die Brocken hingeworfen, hätte ihm die Predigt des Evangeliums einmal keinen Spaß mehr gemacht. Es sollte bei den Pfarrern – und wohl bei allen Klerikern – nicht anders sein als auch bei unseren Politikern. Sie müßten gehen können und sollten nicht an ihrem Sessel kleben – selbst dann noch, wenn der Schwung oder die Begeisterung für das Evangelium längst auf der Strecke geblieben sind.
Und schließlich:

9. *Ein gutes und rechtschaffenes Leben müßte wohl eine Selbstverständlichkeit sein – für einen Pfarrer.*

Aber warum sage ich eigentlich immer noch: »für einen Pfarrer«? Das alles von 1 bis 9 ist doch ein Spiegel für einen jeden Christenmenschen. Ich bin fest davon überzeugt – entgegen allem, was uns von Rom nach jener Synode wieder eingetrichtert werden soll: Unser Christsein ist kein Bundesverdienstkreuz; das heißt: Es gibt keine erste und keine zweite Klasse von Christen und auch keine Sonderklasse mit Schulterband und Stola. Der Apostel sagt es zum Schluß doch ebenso:

Ein gutes und rechtschaffenes Leben haben wir *euch vorgelebt ... Dadurch haben wir auch* euch *angehalten und ermuntert, manchmal geradezu beschworen, selbst auch ein gottgefälliges Leben zu führen.* (2,10–12)

Wo ist da ein Unterschied? Ich bin dem Apostel von Herzen dankbar, daß er uns Pfarrern den Spiegel, seinen Spiegel, vorhält. Und es schadet keinem von uns, in diesen Spiegel von Zeit zu Zeit auch hineinzuschauen. Aber als Pfarrer würde ich – wie der Apostel – stets auch meine Gemeinde in den gleichen Spiegel schauen lassen.

In der 3000jährigen Tradition der Opferstöcke

Die Diener Christi und das viele Geld

Markus 12,41–44

Einmal saß Jesus im Tempel in der Nähe des Opferkastens und beobachtete die Besucher des Tempels, wie sie Geld in den Kasten warfen. Viele wohlhabende Leute gaben großzügig. Dann kam eine arme Witwe und warf nur zwei Kupferpfennige hinein. Da rief Jesus seine Schüler herbei und sagte: Seht nur, die Witwe hat mehr gegeben als alle anderen. Die haben nur von ihrem Überfluß gespendet. Doch die arme Witwe da hat wirklich alles geopfert, was sie zum Leben hatte. (Nach: Gute Nachricht)

Der obige Abschnitt des Markusevangeliums erzählt eine kleine, wenig beachtete Episode im Leben Jesu. Sie bestätigt uns erneut, wie kritisch Jesus dem Reichtum der Reichen gegenüberstand und wie wohlwollend er stets auf die Armen schaute, die mit den Pfennigen, die sie in den Opferkasten warfen, zugleich meist auch ein Stück ihres Herzens weggaben; die das wenige, das sie geben konnten, nicht aus Überfluß, noch aus Routine, sondern mit Liebe schenkten. Und das ist wohl so geblieben bis auf den heutigen Tag. Was in dieser Geschichte meist kaum Beachtung findet, ist die Tatsache, daß es im Tempel von Jerusalem einen Opferstock gab. Nach jüdischer Überlieferung gab es sogar 13 solcher Behälter mit einem posaunenförmigen Trichter zum Geldeinwurf – sieben für die geforderten Abgaben, fünf für zweckbestimmte und einen für allgemeine Spenden. Diese Aufteilung mutet erstaunlich modern an, und sie entspricht haargenau auch unserer heutigen Aufteilung in eine zwangsweise zu entrichtende Kirchensteuer, zweckbestimmte, freiwillige Sonderkollekten und in das, was Sonntag für Sonntag so ohne besonderen Anlaß in den Klingelbeutel kommt. Das Geldeinsammeln der christlichen Kirche steht also in einer jahrtausendealten Tradition, und die Opferstöcke und Opferkästen scheinen nun einmal zur Religion, zu den Tempeln und Kirchen zu gehören wie die Tore zum Fußballplatz. Ihre älteste Erwähnung finden diese anscheinend so überaus wichtigen Requisiten im zweiten Buch der Könige im Alten Testament. Dort lesen wir:

Der König Joasch gab den Priestern am Tempel folgende Anweisung: Alles Geld, das als eine Gott geweihte Gabe zum Tempel gebracht wird – sowohl die pflichtmäßigen Zahlungen als auch die freiwilligen Gaben –, haben die Geldeinnehmer an euch auszuhändigen. Ihr verwendet das Geld, um die baufälligen Teile des Tempels zu restaurieren! Aber im 23. Regierungsjahr des Königs Joasch [ca. 813 v. Chr.], *da hatten die Priester die baufälligen Teile immer noch nicht restaurieren lassen. Da ließ der König den Priester Jojada und seine Kollegen rufen und fragte sie: Warum habt ihr den Tempel noch immer nicht restaurieren lassen? Von jetzt an werden die Geldeinnehmer das Geld nicht mehr euch aushändigen. Ihr verwendet es ja offensichtlich nicht für die Instandsetzung des Tempels! Die Priester waren einverstanden, daß das Geld, das das Volk zum Tempel brachte, nicht mehr ihnen übergeben wurde. Sie waren daher auch nicht mehr für die Instandsetzung des Tempels verantwortlich.*

Der Priester Jojada ließ nun einen Kasten anfertigen und in den Deckel ein Loch machen. Er stellte ihn neben dem Altar, rechts vom Eingang, auf. In diesen Kasten legten die Priester, die an den Eingängen die Aufsicht führten, alles Geld, das zum Tempel gebracht wurde. Wenn der Kasten voll war, ließen sie den Staatssekretär und den Hohenpriester kommen. In deren Gegenwart wurde das Geld in Beutel verpackt, gewogen und registriert und dann den Handwerksmeistern ausgehändigt, die mit den Instandsetzungsarbeiten am Tempel beauftragt waren. Die zahlten dann die Zimmerleute und Bauarbeiter, die Maurer und Steinmetzen aus und kauften davon auch das Holz und die Steine und alles andere Material, das für die Restaurierung des Tempels gebraucht wurde. Das Geld wurde also nicht zum Kauf von Tempelgeräten verwendet wie silbernen Schüsseln, Messern, Schalen, Trompeten oder sonstigem Gold- und Silbergeschirr. Vielmehr bekamen es die Handwerksmeister, die die Arbeiten am Tempel leiteten. Sie brauchten ihre Ausgaben nicht abzurechnen und verwalteten das Geld nach Treu und Glauben. Nur das Geld, das bei Wiedergutmachungs- und Sühneopfern zu entrichten war, wurde nicht zur Instandsetzung verwendet. Es kam den Priestern zugute. (2 Kön 12,5–17; nach: Gute Nachricht)

Hier werden zwei Arten von Einkünften unterschieden: Pflichtabgaben und freiwillige Gaben; ebenso auch zwei Verwendungszwecke: der Unterhalt des Tempels und der Lebensunterhalt der Priester. Man muß aus dem Tadel des Königs nicht unbedingt schließen, daß die Priester die eingenommenen Gelder unterschlagen hätten. Aus dem Parallelbericht im zweiten Chronikbuch wissen wir, daß sie einfach die für sie wohl peinliche Aufgabe des Geldkassierens und Geldeintreibens bei den Leuten in Stadt und Land vor sich hergeschoben hatten. So sind sie ja auch voll und ganz zufrieden, daß sie mit der Verwaltung und Verwertung der Gelder künftig nichts mehr zu tun haben. Eigentlich müßten einem diese Priester des Alten Bundes, die sich damals nicht zum Geldkassieren und Geldzählen gedrängt haben, doch ganz sympathisch sein.

Wie steht es nun aber mit den Abgaben der Gläubigen und der Verwaltung und Verwendung ihrer Spenden in der Kirche Jesu und in den Gemeinden des Neuen Bundes? Am Anfang war es jedenfalls so: Die Christen hatten nach ihrer Trennung von der jüdischen Gemeinde keinen Tempel zu unterhalten. Sie und einen Tempel oder eine Kirche bauen – ein solcher Gedanke wäre ihnen wohl höchst komisch vorgekommen. Die Tempelreligion mit ihrem Kult und ihren Opfern, die war für sie dahin. Die Schüler Jesu gehörten nach einem Wort ihres Lehrers im Johannesevangelium zu denen, die Gott *im Geiste und in der Wahrheit* anbeten sollten. Dennoch ergaben sich auch für sie gewisse Verpflichtungen aus ihrer Zugehörigkeit zur Gemeinde Jesu. Denn auch wenn die Verkünder des Evangeliums keine Kultpriester und Altardiener im herkömmlichen Sinne mehr waren, so mußten sie doch auch leben, und je mehr sie sich für die Gemeinde einsetzten, je mehr sie gewissermaßen hauptberuflich für das Evangelium tätig waren und je mehr Zeit ihnen dadurch für die Ausübung ihres Brotberufes verlorenging, um so mehr mußte die Gemeinde für die in ihrem Dienst Stehenden sorgen. Interessant ist in dieser Hinsicht eine Stellungnahme des Apostels Paulus im ersten Korintherbrief. Achten wir dabei doch einmal auf die doppelte Argumentation – einmal die grundsätzliche Stellungnahme des Apostels, dann aber seine ganz persönliche Einstellung in dieser Frage.

Hier ist meine Antwort an die Leute, die über mich zu Gericht sitzen: Hätte ich nicht einen Anspruch darauf, für meinen Dienst frei Essen und Trinken bei euch zu haben? Hätte ich nicht sogar das Recht, wie es die anderen Apostel tun und die Brüder des Herrn und ja auch Petrus, eine Ehefrau mit auf die Reise zu nehmen? Sind Barnabas und ich vielleicht die einzigen, die für ihren Unterhalt selber aufkommen müssen? Welcher Soldat zieht denn schon auf eigene Kosten in den Krieg? Wer legt einen Weinberg an und ißt nicht von seinen Trauben? Wer hütet eine Herde und trinkt nicht von ihrer Milch? Ich berufe mich nur auf das, was allgemein üblich ist. Das ist auch die Weisung Gottes. Mose hat es aufgeschrieben; es heißt: Einem dreschenden Ochsen sollst du das Maul nicht zubinden! Aber geht es Gott dabei vielleicht um die Ochsen, oder meint er nicht vielmehr uns damit? Ja, von uns ist die Rede. Wer das Feld umpflügt und wer die Erntearbeit tut, der soll auch mit einem Teil des Ertrages rechnen können. Ich habe geistlichen Samen, Gottes Botschaft unter euch ausgesät. Wäre es zu viel verlangt, wenn ich ein paar irdische Gaben dafür ernte, eben meinen Lebensunterhalt? Andere haben keine Bedenken, das von euch zu fordern. Ich hätte mehr Anrecht darauf als sie.
Aber ich habe mein Recht nie in Anspruch genommen. Ich sorge selbst für mich, um dem Evangelium von Christus keine Stolpersteine in den Weg zu legen. Ihr wißt doch wohl, daß die Priester in den Tempeln ihr Einkommen aus den Einkünften des Tempels beziehen. Wer am Altar dient, soll vom Altar leben! Genauso hat der Herr es auch für uns bestimmt: Wer das Evangelium verkündet, soll vom Evangelium leben. Ich habe indes nie auf dieses Recht gepocht, und das soll auch so bleiben. Eher wollte ich sterben. Meinen Ruhm soll mir keiner streitig machen. Hätte ich denn schon Grund, mich zu rühmen, weil ich das Evangelium verkünde? Ich kann doch gar nicht anders. Wehe mir, wenn ich es nicht täte! Wenn die Verkündigung mein Verdienst wäre, ja, dann könnte ich auf Lohn hoffen. Aber ich tue es ja nicht freiwillig; ich bin doch gezwungen, es zu tun. Was ist aber dann mein Lohn? Mein Lohn und meine Genugtuung ist es, daß ich das Evangelium verkünde, ohne etwas dafür zu bekommen; daß ich auf das verzichte, was mir zusteht. Ich bin also frei und von keinem abhängig, und trotzdem habe ich mich zum Sklaven aller gemacht, um möglichst viele für Christus zu gewinnen. (1 Kor 9,3–19; nach: Gute Nachricht)

Man muß sich die Worte des Paulus einen Augenblick auf der

Zunge zergehen lassen: *Ich bin frei und von keinem abhängig, und trotzdem habe ich mich zum Sklaven aller gemacht, um möglichst viele für Christus zu gewinnen.* Paulus will frei sein – in voller Freiheit, um des Evangeliums willen, um ihm keine Stolpersteine in den Weg zu legen. Und das Geld ist noch immer einer der größten Stolpersteine für die Botschaft Jesu gewesen – für den einzelnen ebenso wie für die Gesamtheit der Kirche, und das heißt besonders für die, die sie leiten. Die Vorsteher und Diener des Neuen Bundes sind keine Kultdiener und Opferpriester mehr wie im Alten Bund und wie in allen heidnischen Religionen. Die Gefahren für die Botschaft Jesu liegen aber auf der Hand: Sie muß verkündet werden, gelegen oder ungelegen, ob es den Leuten paßt oder nicht. Darum darf es für den Verkünder keine Abhängigkeit von Geldgebern in der Gemeinde geben. Schon im späten zweiten Timotheusbrief ist ja die Rede von Leuten in der Gemeinde, die sich ihre Lehrer – ihre Verkünder, ihre Vorsteher – *zum eigenen Ohrenkitzel* bestellen; die sich also Leute »halten«, die ihnen das als Botschaft Jesu verkünden, was sie gerne hören. Paulus aber will frei sein, um des Evangeliums willen. Sein Weg zur Freiheit ist das Handwerk, und darum übt er auf seinen Missionsreisen seinen Beruf als Zelttuchweber auch weiter aus.
Nicht immer haben die christlichen Verkünder der Botschaft Jesu so gedacht und so gehandelt. Manches an ihrem Denken und Handeln war zeit- und situationsbedingt. So gab es beispielsweise im Mittelalter einen zahlenmäßig größeren Klerus, als ihn die normalen Gemeinden damals brauchen konnten und auch hätten ernähren können. Diese ganze Klerisei aber wollte leben und bot darum ihre Dienste an: Sakramentespenden und Messelesen. Sonst hatten sie nichts gelernt. Und so entwickelte sich ein kompliziertes System von Pfründen und geistlichen Stiftungen, nur um dieses geistliche Proletariat zu ernähren. Und man verteidigte hartnäckig die einmal erworbenen Rechte und die eigenen Einnahmen gegen etwaige Konkurrenten, ja, man zankte sich in einem fort um die fettesten Pfründen und jagte sich mit Kniffen und Schlichen gegenseitig die Beute ab, und das alles war keineswegs nur auf den hungrigen sogenannten niederen Klerus beschränkt. Gerade Päpste und Bischöfe boten jahrhundertelang ein erschrek-

kendes Bild einer oft geradezu wölfischen Habgier, und auch das damalige, fast ununterbrochene Gezänk zwischen Welt- und Ordensklerus hatte hier seinen Ursprung: Es ging meistens ums Geld. Und dazu berief man sich gerne auf das Wort des Paulus: *Wer am Altare dient, soll auch vom Altare leben.* Auf das eigene Lebensbeispiel des Apostels hat man sich weniger berufen. Es hatte weniger Anziehungskraft.

Das Geld in der Kirche, gerade auch in der heutigen und ganz besonders in unserer reichen deutschen Kirche –, das könnte wohl zu einem schier unerschöpflichen Thema werden. Das in aller Welt einmalig dastehende deutsche Kirchensteuersystem müßte zwangsläufig sogar zu einem heiklen Thema werden. Ein Pfarrer beispielsweise, der es vielleicht allzu forsch und undifferenziert anginge und es nur als Quelle vielen Unheils und als gewaltigen Stolperstein für das Evangelium Jesu anprangern würde, der müßte ja zwangsläufig dabei auch an dem Aste sägen, auf dem er selbst und unzählige andere – und wahrhaftig nicht nur Pfarrer, sondern mittlerweile noch mehr Laien – in dieser reichen Kirche sitzen. Es mag einerseits gut für einen Pfarrer sein, daß er wie der Apostel Paulus nicht finanziell von seiner Gemeinde abhängt. Aber die Abhängigkeit gegenüber der allein durch das viele Geld so übermächtig gewordenen Kirchenleitung ist dafür nur um so drückender. Paulus war auch nach »oben«, wenn man in der damaligen Kirche Jesu als einer Gemeinschaft von Brüdern und Schwestern überhaupt von einem Oben und Unten reden darf –, Paulus war auch in dieser Richtung absolut frei. Er war so frei, daß er, wie er es selbst in seinem Brief nach Galatien lebendig schildert, in Antiochien einem Petrus *ins Angesicht widerstehen* konnte (Gal 2,11–14). Das Geld läßt noch immer die einen mächtig werden und versklavt zugleich die anderen.

Gewiß hat die deutsche Kirche – gerade aufgrund ihres Reichtums – große Werke der Nächstenliebe begründet, und ich nenne die allen bekannten Werke MISEREOR und ADVENIAT, die vielen Menschen in aller Welt bisher geholfen haben. Aber hat nicht ein Bischof der Dritten Welt nach dem Konzil erzählt, wie damals viele seiner Mitbischöfe aus den armen Kirchen auf eben diesem Konzil abgestimmt hätten? Sie hätten darauf geachtet, wie Kardinal

Frings, der Repräsentant der reichen deutschen Kirche, abstimmen würde, und es ihm dann gleichgetan. Das Geld gibt Einfluß, und Einfluß ist Macht. Vielleicht verstehen wir unter diesem Aspekt auch ein wenig das über ein Jahr währende unwürdige Gerangel um den »passenden« Kandidaten für den freigewordenen Kölner Bischofsstuhl. Es ging dabei – ganz wie im Mittelalter – leider nicht nur um das Evangelium. Ein hochrangiger und bestinformierter Jesuit sagte mir – noch zu Zeiten des früheren Inhabers – auf einer Priestertagung: der Kölner Kardinal brauche nur nach Rom mit einem Scheck zu winken und ihn wieder einzustekken, und Rom werde tun oder nicht tun, was man in Köln für richtig halte. Das mag in dieser plakativen Art durchaus ein Schwarzweißgemälde sein, ein Körnchen – und mehr als ein Körnchen – Wahrheit ist aber gewiß auch darin enthalten.
Damit es nun aber doch kein Mißverständnis gibt: Ich möchte denen kein Wasser auf die Mühle geben, die wegen der Kirchensteuer aus der Kirche ausgetreten sind – angeblich wegen der Kirchensteuer, vielfach aber doch wohl nur, weil sie nie verstanden haben, was Kirche als Gemeinschaft Jesu bedeutet. *Wer viel zahlen muß, der verdient auch viel!,* das habe ich einem Geschäftsmann einmal gesagt, als er bei mir dagegen motzte und zugleich damit protzte, daß er so viel Kirchensteuer zahlen müsse, daß er sich privat einen eigenen Bischof davon halten könnte. Auch hier geht's wieder um die Freiheit vom Geld. Ja, was wäre mit dem Evangelium, wenn sich die Reichen ihre Pfarrer und Bischöfe wie die Wellensittiche und Goldhamster hielten!
Dennoch bleibe ich dabei: Was die Kirchensteuer auf der einen Seite unserer Kirche an Freiheit schenkt, das nimmt sie auf der anderen Seite dem Evangelium und seinen Verkündern an Glaubwürdigkeit. *Ich sorge selbst für mich, um dem Evangelium von Christus keine Stolpersteine in den Weg zu legen.* Welch ein Stolz spricht aus diesen Worten des Paulus, aber auch welche Weisheit! Er braucht kein Geld für seine Verkündigung der Botschaft Jesu, aber er braucht die Freiheit um der Glaubwürdigkeit eben dieser seiner Verkündigung willen. Nur bei uns in der reichen deutschen Kirche ist die Zahlung von Kirchensteuer eine unabweisbare Bedingung für die Mitgliedschaft in der Gemeinschaft Jesu. Wer kein Geld

zahlen will – aus was für Gründen auch immer –, der muß vor einem staatlichen Gericht seinen Austritt aus der Gemeinde Jesu, aus der Kirche, erklären. Das ist ein Skandal und eine Praxis, die es nur in der reichen deutschen Kirche so gibt. Und niemand hat genaue Kenntnis davon, geschweige denn ein Mitspracherecht darin, wie die Gelder im einzelnen verwendet werden. Es geht auch hier, wie bei den Tempelpriestern zur Zeit des Königs Joasch, wahrhaftig nicht um Mißtrauen gegenüber den heutigen Geldverwaltern. Es geht darum, ihnen zu helfen, eine Last zu tragen, die manche von ihnen mitunter schon mehr als Lust denn als Last zu empfinden scheinen, die sie aber ohne Gefährdung einfach nicht alleine tragen können. Man achte doch nur auf die sich häufenden Beispiele dafür im politischen Bereich. Wie klug und weise waren doch die Priester des Alten Bundes, die sich sofort einverstanden erklärten, als ihr König ihnen die Last der Verantwortung für das Geld abnahm! Und wir fragen mit Recht: Können die *Verwalter der Geheimnisse Gottes* (1 Kor 4,1), wie Paulus die Boten Jesu nennt, zugleich die Verwalter des großen Geldes sein?
Die kritischen Gedanken zum Thema »Die Diener Christi und das viele Geld«, wie sie hier vorgelegt werden, haben gewiß nicht zum Ziel, an den »Grundfesten« der Kirche zu rütteln. Kritisch denken heißt nicht einmal zuerst kritisieren; kritisch denken heißt nachdenken und prüfen. Auch Jesus hat die Geldpraxis im Tempel zu Jerusalem nicht einfach so hingenommen. Ich lese in der Geschichte von der armen Witwe jedenfalls kein Wort Jesu und also auch keine Ermunterung für die heutige Christenheit, wie die arme Witwe zu spenden und zu spenden und noch einmal zu spenden. Ich lese die Geschichte kritisch – nachdenklich – ganz im Geiste des Apostels Paulus, und der hatte seinen Herrn und Meister – wohl auch und gerade in punkto Geld – verstanden, und er wußte wohl auch noch, daß Jesus die Seinen immer wieder vor den Gefahren des Reichseins und Reichwerdens gewarnt hatte.

Petrus und das Tuch vom Himmel

»Steh auf, Johannes Paulus, und lege ihnen die Hände auf!«

Apostelgeschichte 11,1–18

Die Apostel und die Brüder in Judäa erfuhren, daß auch die Heiden das Wort Gottes angenommen hatten. Als nun Petrus nach Jerusalem hinaufkam, hielten ihm die gläubig gewordenen Juden vor: Du hast das Haus von Unbeschnittenen betreten und hast mit ihnen gegessen.
Da begann Petrus, ihnen der Reihe nach zu berichten: Ich war in der Stadt Joppe und betete; da hatte ich in einer Verzückung eine Vision: Eine Schale, die aussah wie ein großes Leinentuch, das an den vier Ecken gehalten wurde, senkte sich aus dem Himmel bis zu mir herab. Als ich genauer hinschaute, sah ich darin die Vierfüßler der Erde, die wilden Tiere, die Kriechtiere und die Vögel des Himmels. Ich hörte auch eine Stimme, die zu mir sagte: Steh auf, Petrus, schlachte und iß! Ich antwortete: Niemals, Herr! Noch nie ist etwas Unheiliges oder Unreines in meinen Mund gekommen. Doch zum zweiten Mal kam eine Stimme vom Himmel; die sagte: Was Gott für rein erklärt hat, nenne du nicht unrein! Das geschah dreimal, dann wurde alles wieder in den Himmel hinaufgezogen. Da standen auf einmal drei Männer vor dem Haus, in dem ich wohnte, die waren aus Cäsarea zu mir geschickt worden. Der Geist aber sagte mir, ich solle ohne Bedenken mit ihnen gehen. Auch diese sechs Brüder zogen mit mir, und wir kamen in das Haus jenes Mannes. Er erzählte uns, wie er in seinem Haus den Engel stehen sah, der zu ihm sagte: Schick jemand nach Joppe, und laß Simon, der Petrus genannt wird, holen. Der wird dir Worte sagen, durch die du mit deinem ganzen Haus gerettet werden wirst. Während ich redete, kam der Heilige Geist auf sie herab, wie am Anfang auf uns. Da erinnerte ich mich an das Wort des Herrn: Johannes hat mit Wasser getauft, ihr aber werdet mit dem Heiligen Geist getauft werden. Wenn nun Gott ihnen, nachdem sie zum Glauben an Jesus Christus, den Herrn, gekommen sind, die gleiche Gabe verliehen hat wie uns: Wer bin ich, daß ich Gott hindern könnte?
Als sie das hörten, beruhigten sie sich, priesen Gott und sagten: Gott hat also auch den Heiden die Umkehr zum Leben geschenkt.

Die Geschichte von der Taufe des heidnischen Hauptmanns Kornelius durch den Apostel Petrus in Kapitel 10 und 11 der Apostelgeschichte des Lukas ist eine der am breitesten, aber auch am lebendigsten erzählten Geschichten im ganzen Neuen Testament.

Daß das geschilderte Geschehen eine geradezu schicksalhafte Wende in der jungen Kirche einleitete, kommt in vielen Bibelkommentaren oft nur sehr am Rande zum Ausdruck. Im sogenannten *Stuttgarter Kleinen Kommentar* des Katholischen Bibelwerks aus den 60er Jahren heißt es zum Beispiel:

Das 10. Kapitel bringt den entscheidenden Wendepunkt in der Geschichte der jungen Kirche. Jetzt beginnt, was später durch Paulus voll entfaltet wird: Der Weg des Evangeliums zu den Heiden ... jetzt wird durch eine deutliche Willenskundgebung des Herrn, der seine junge Kirche Schritt für Schritt weiterführt, diese Kirche für die Völker geöffnet. Die Apostel brauchten einen besonderen Anstoß, den Auftrag Jesu in die Tat umzusetzen. Es wurde von ihnen ein Überspringen ihres eigenen Schattens verlangt. Sie waren zu tief im Judentum verwurzelt, um von sich aus den Heiden entgegenzugehen. (Alice Baum, 1963, 30)

Das ist nicht gerade viel, was hier gesagt wird. Was außerdem noch als »Kommentar« zu dieser Petrusgeschichte folgt, ist ein bloßes Nacherzählen des Geschilderten mit eigenen Worten, so wie es heute noch immer auch in vielen Predigten üblich ist. Daß die Apostel zudem, wie es heißt, *zu tief im Judentum verwurzelt* waren, setzt leider auch noch die gewohnten falschen Akzente. Denn nicht ihr Judentum hat die Apostel am Sprung »über ihren eigenen Schatten«, am Auf-die-Heiden-Zugehen, gehindert, sondern ihre Erstarrung im Althergebrachten, ihr Gefangensein im Altgewohnten. Sie mußten ja auch nicht über ihr Judentum hinwegspringen, sondern eben über *ihren* eigenen Schatten. Das Gefangensein im Altgewohnten war und ist noch immer das entscheidende Hemmnis und schwerwiegendste Hindernis an den Kreuzwegen der Kirchengeschichte und damit an den entscheidenden Wendepunkten der Kirche Jesu gewesen.
Ich habe Kritik geübt an der lange Zeit und leider immer noch üblichen verharmlosenden Kommentierung eines in der Apostelgeschichte berichteten hochbedeutsamen, ja, hochbrisanten Geschehens. Kritik darf sich indes nicht mit sich selbst begnügen; sie muß auch andere, sachgemäßere Wege zum Verstehen einer jeden biblischen Geschichte aufzeigen. Das bloße Hervorheben der Bedeutsamkeit einer solchen Geschichte für die damalige Zeit – man

könnte sagen: für die Gründerjahre der Kirche Jesu – genügt für heutige Christen nicht. Wenn man nur hört: Es war sehr wichtig, was *damals* passiert ist, dann mag man das ja interessant, vielleicht sogar spannend finden. Doch gibt es sicher viel Interessanteres und Spannenderes in der Vergangenheit als die Geschichte von der Aufnahme des ersten Heiden in die damals noch rein jüdische Kirche. Wichtig kann für uns doch nur die eine Erkenntnis sein, daß ein solches Geschehen auch noch für uns von entscheidender Bedeutung ist – für uns, das heißt für die Gegenwart, speziell für die gegenwärtige Christenheit.

Ich gestehe daher gerne, daß ich unter Bibelauslegung etwas anderes verstehe, als das, was den Menschen in unserer Kirche meist noch geboten wird. Es gibt da ein ebenso einfaches wie einleuchtendes »Rezept«. Dieses Rezept stammt nicht von mir. Rezepte werden ja meistens von guten Hausfrauen weitergegeben, untereinander ausgetauscht und voneinander abgeschrieben. Das meine habe ich in Holland gefunden. In den 60er Jahren, in der Zeit nach dem Konzil, gab es unter den Christen dort eine große Aufbruchbewegung. Sie hat damals das ganze Land erfaßt, nicht nur die Katholiken, auch die anderen christlichen Kirchen. Daß vieles davon dann schon bald wieder zum Erliegen kam, geht gewiß auf das Konto unserer kleinkariert und ängstlich reagierenden römischen Zentrale. Es gab aber auch deutsche Bischöfe, die kräftig mitgeholfen haben, den Aufbruch in unserer Nachbarkirche zu diffamieren und den Sprung über den eigenen Schatten, den dieser Aufbruch ganz zweifellos auch für die holländische Kirche damals darstellte, mißlingen zu lassen. Aber das ist ein anderes Thema. In Holland gab es damals eine ökumenische Bewegung, die sich *Schalom* nannte. Sie verstand sich, wie sie selbst einmal formulierte, als einen *freien ökumenischen Zusammenschluß von Menschen, die sich zu Christus bekennen und in ihm den Meister im Dienen sehen*. Weiter hieß es in einer Art Selbstdarstellung:

Die Schalombewegung ist eine Art »experimentelle« Bewegung. Sie sucht nach Antworten auf die Fragen des Lebens und versucht, diese Antworten auf dem Weg der Erfahrung zu gewinnen: im Gottesdienst und *im Dienst an den Menschen auf gesellschaftlicher, politischer, also weltlicher Ebene.*

Beides ist unlösbar miteinander verbunden ... Die Grundsätze der Schalombewegung sind: glauben und hoffen wider alle trennenden Mauern – diese eine Welt lieben – in der Gegenwart mit der Zukunft leben. (Alfred Schilling, *Fürbitten und Kanongebete der holländischen Kirche,* 268)

Mauern niederreißen heißt Brücken schlagen, zwischen den Menschen, aber auch zwischen Gott und den Menschen, von der Gegenwart in die Zukunft und darum auch vom Evangelium der Vergangenheit in unsere Gegenwart hinein. Es wundert uns daher nicht, wenn wir in einem Entwurf für die Eucharistiefeier – die Schalomgruppe nannte sie Agapefeier, Feier der Liebe – folgende Bemerkung zu den Lesungen bei dieser Feier finden:

Bibel und Tageszeitung, Gottes Wort und Welt, liegen zusammen auf demselben Tisch. Es müssen also mindestens zwei Lesungen sein: je ein Bericht aus der Gegenwart und aus der Bibel. So hören wir den biblischen Bericht auf dem Hintergrund unserer eigenen Zeit und versuchen, mit dem Wort der Bibel auch »auf unsere Kosten« zu kommen. (A.a.O. 272)

Das ist alles: zwei »Bücher« statt des üblicherweise einzigen bei der Auslegung eines biblischen Buches jeweils aufzuschlagen – den biblischen Text und das aktuelle Zeitgeschehen, wobei nicht vergessen werden sollte, daß die Bibel selbst ja keineswegs ein geschlossenes Buch darstellt, sondern eher eine ganze Bibliothek umfaßt. Unser Leben spielt sich auf dieser Erde ab. Auch als Christen können wir nur leben, wenn wir nicht in den Wolken des Himmels träumen, sondern mit beiden Füßen fest auf dem Boden stehen. Gehen wir doch immer davon aus, daß das auch bei den Schreibern der biblischen Bücher und Texte nicht anders gewesen ist. Auch ein Paulus, ein Lukas, ein Markus und wer immer sonst, sie alle haben nicht auf einer himmlischen Wiese gesessen, als sie ihre Briefe an ihre Gemeinden adressiert oder für ihre Gemeinden das Evangelium aufgeschrieben haben. Sie hatten ihre Füße auf dem Boden, und sie sprachen dieselbe Sprache wie auch die anderen Menschen zu ihrer Zeit. Auch das ist ein Schlüssel zum richtigen Verstehen ihrer Botschaft und erleichtert uns den Brükkenschlag von ihrer Vergangenheit in unsere Gegenwart hinein.
Wer schlägt uns nun die Brücke von unserer Petrusgeschichte in

unsere eigene christliche und kirchliche Gegenwart hinein? Vielleicht haben wir diese Brücke schon selbst längst geschlagen – als die Stichworte fielen: *Schicksalswende der Kirche, Erstarrung im Althergebrachten, mutiger Schritt des Petrus nach vorn* und *Sprung über den eigenen Schatten*. Um auch von mir aus einen solchen Brückenschlag zu versuchen, möchte ich auf einen Beitrag in der stets zuverlässig informierten und gut orientierenden Schweizer Jesuitenzeitschrift *Orientierung* hinweisen. Professor Knut Walf, Ordinarius für Kirchenrecht in Nimwegen, berichtete da im April 1991 unter dem Titel *Erzbischof Weaklands Alarmruf* über den Hirtenbrief dieses amerikanischen Bischofs *zur Not der priesterlosen Gemeinden*. Es ist dies ein Brief, der in seiner Offenheit und Direktheit, mit der er die brennenden Probleme anspricht, in unserer deutschen Kirche bislang undenkbar wäre. Professor Walf stellt seinen Verfasser vor:

Erzbischof Weakland ist zweifelsohne eine der profiliertesten Persönlichkeiten des nordamerikanischen Episkopats. Er war schon in jungen Jahren Abt einer Abtei in Pennsylvania, dann ungefähr zehn Jahre lang (1967–1977) Abtprimas der Benediktiner mit Sitz in Rom und hat in dieser Zeit die Welt kennengelernt ... Obwohl er also in der Vergangenheit wie auch seit 1977 im Amt des Erzbischofs von Milwaukee führende Positionen in der kirchlichen Verwaltung bekleidet, ist er nicht der typische Administrator. Vielmehr ist er als Freund der Musen, besonders der Musik bekannt. Er hat an der berühmten Julliard School in New York City ein Musikstudium (Piano) absolviert und komponiert selbst. (Or 55 [8/1991] 93)

Erzbischof Rembert Weakland schreibt nun in seinem Brief vom 7. Januar 1991:

Vorausgesetzt eine Pfarrei, die wegen Priestermangels keine regelmäßige Sonntagsmesse mehr haben kann und sich jeden Sonntag gläubig zum Wortgottesdienst versammelt, den ein Laie oder Diakon leitet ... – damit all dies nicht üblich wird und als normaler Ersatz der Messe betrachtet wird; – und wenn die Pfarrei weiterhin alle Eigenschaften besitzt, die [bereits] *beschrieben wurden, nämlich Gottesdienst und eine sakramentale Perspektive ... sich auch um Erziehung auf allen Ebenen kümmert und*

Sorge für die Armen trägt; – und wenn die Pfarrei ein aktives Programm zur Weckung von Berufen für das zölibatäre Priestertum besitzt; – und wenn es so scheint, daß dieser Zustand mehrere Jahre andauern wird, vielleicht ein ganzes Jahrzehnt, dann wäre ich bereit, dieser Gemeinschaft zu helfen, einen qualifizierten Kandidaten für das (Weihe-)Priestertum zu finden – selbst wenn es sich um einen verheirateten Mann handelt –, und ich werde, ohne falsche Erwartungen oder unbegründete Hoffnungen für ihn oder die Gemeinde zu wecken, einen solchen Kandidaten dem Hirten der Weltkirche, um Erleuchtung und Führung bittend, vorschlagen. In einem solchen Fall hätten wir auf lokaler Ebene alles getan … Ich sehe zur Zeit keinen anderen Weg aus dieser äußerst schwierigen Situation … Ich höre Sie sagen, daß Sie wünschen, an unserer sakramentalen Tradition festzuhalten und Gemeinden zu bleiben, die sich zur Eucharistie versammeln. Ich sehe keine andere Lösung. (Ebd.)

Wie diese fast verzweifelt klingenden Worte des Erzbischofs an seine Gemeinden beim derzeitigen »Hirten der Weltkirche« angekommen sind, das war jüngst ebenfalls in der *Orientierung* zu lesen. Erzbischof Weakland hat es auch seinen Gemeinden offen mitgeteilt:

Ich wurde vom vatikanischen Staatssekretariat informiert, daß meine Anregung, einen verheirateten Mann [für die Priesterweihe] *vorzuschlagen, als »fehl am Platze« betrachtet werde.* (Or 55 [23–24/1991] 256)

So einfach ist das also. Was ins römisch-ideologische Konzept nicht paßt, ist *fehl am Platze*. Erzbischof Weakland selbst scheint sich von Anfang an wenig Einsicht in die Not der Kirchen vor Ort versprochen zu haben. Ich stelle mir in der gegenwärtigen katastrophalen Situation, wo die Kirche an einer Schicksalswende wie nie zuvor steht, wo es endlich eines mutigen, längst überfälligen Schrittes bedürfte und wo die Verantwortlichen immer noch nicht über ihren eigenen Schatten zu springen bereit sind – ich stelle mir die Frage, ob es, wie es die Apostelgeschichte schildert, immer nur eines massiven Anstoßes »von oben« bedarf, bevor ein Apostel Jesu endlich zum erlösenden, weil von allen erwarteten Sprung über seinen eigenen Schatten ansetzt und seine Erstarrung im

Althergebrachten und sein Gefangensein im Altgewohnten überwindet. Es wäre sicher ein Wunder – ein Wunder vom Himmel –, wenn auch Johannes Paulus uns und der Welt eines Tages wie seinerzeit Petrus berichten würde:

Es war auf einer meiner vielen Reisen zu den Kirchen der Welt. Ich betete; da hatte ich in einer Verzückung eine Vision: Eine Schale, die aussah wie ein großes Leinentuch, das an den vier Ecken gehalten wurde, senkte sich aus dem Himmel bis zu mir herab. Als ich genauer hinschaute, sah ich darin viele Menschen, Männer und *Frauen. Sie hielten brennende Taufkerzen in ihren Händen, und ich sah, daß sie den Ring der Vermählung trugen. Und ich hörte auch eine Stimme, die zu mir sagte: Steh auf, Johannes Paulus, und lege ihnen deine Hände auf! Ich antwortete: Niemals, Herr! Noch nie habe ich gegen die heilige Tradition meiner Kirche – ich wollte sagen: deiner Kirche – gehandelt. Doch zum zweiten Mal kam die Stimme vom Himmel, und sie sagte: Was Gott für recht erklärt hat, nenne du nicht gegen die heilige Tradition der Kirche! Das geschah dreimal, dann wurde alles wieder in den Himmel hinaufgezogen.* (Vgl. Apg 11,4–10)

Vielleicht muß der Himmel heute das Tuch nicht nur dreimal herunterlassen; vielleicht muß er sich, wie es in einem an Petrus gerichteten Wort Jesu heißt (Mt 18,22), *siebenundsiebzigmal* bemühen, bevor in dieser Kirche etwas zum Heil der Menschen und zum Wohl der Gemeinden Notwendiges geschieht. Der Apostel Paulus ermuntert uns trotzdem *zur Hoffnung wider alle Hoffnung* (Röm 4,18). Und wer meint, das alles sei zum Lachen, wenn es nicht zum Heulen wäre, der sollte sich dennoch für das Lachen entscheiden. Denn nach dem amerikanischen Theologen Harvey Cox ist *das Gelächter der Hoffnung letzte Waffe* (Fest der Narren, 203).

Namenregister

Biblische Namen

Andere Namen

Stellenregister

Verzeichnis der Perikopen

* Die Abgrenzung der Perikopen stimmt an den angegebenen Stellen nicht mit der Leseordnung überein.